62歳の社長が
23歳の新人社員と
本気で対話したら、
会社がスゴイことに
なった。

日本アクティブラーニング協会理事長
相川秀希

幻冬舎

まえがき

米国カリフォルニア州サンタクララ郡クパチーノ市。2006年9月に、私は、シリコンバレーの名だたる企業が集中するこの地を訪れました。目的は、マザーシップと呼ばれるApple本社です。

Appleを創業したスティーブ・ジョブズが教育に対する革新的なビジョンを抱いていた事実は、あまり知られていないかもしれません。彼には、人間の独創性や創造性を追求し、その可能性を広げるべく、テクノロジーを使って教育に改革を起こすという野望がありました。そんなジョブズから熱く信頼され、Appleの教育事業を強烈に推し進めた人物が、ジョン・カウチ氏です。

もう15年以上前のことになりますが、同社のデバイスを、当時経営していた民間教育にどうしても導入したいと考えた私は、Appleの教育部門責任者であったカウチ氏と契約の最終合意を図るために本社まで赴いたのでした。彼との交渉は、1時間半に及ぶものでしたが、その対話で、いまだに印象深く残っていることがあります。

それは、彼が「これからの教育は〝デジ〟だよね。」と言いながら、おもむろに手元のメモに次の3つの文字を書き、私に見せたのです。

「Di児」

カウチ氏が〝デジ〟と読んだこの文字が何を表しているのか、ちょっと戸惑った様子の私を見ながら、こう続けました。

「〝Di〟は Digital のことだよ。最後の1文字は漢字だからわかるだろ？ Child のことさ。この字は〝ジ〟と読むんだよな。だから〝デジ〟だよ。英語と日本語を合わせた造語だけれど、これからの世代のための教育を表してみたのさ。」

この「Di児」を今のキーワードで表せば、まさにデジタルネイティブのことでしょう。つまり、これからの人財育成は、デジタルネイティブの可能性に光を当てるべきだというメッセージが、この3文字に込められていたのです。

実はもう一つ、Apple 本社で私が体験した忘れられない出来事があります。それは、カウチ氏のポケットから取り出された手のひらサイズのデバイスです。

初めて目にする黒くて四角いこの端末を、私が何気なく触らせてもらっていたまさにそのとき、この端末から着信音が鳴りました。カウチ氏は慌てて私の手から取り上げると、どうやら誰かと通話をしているようでした。そして一言二言の会話の後、私にこう告げたのです。「すまない。今ジョブズから呼び出されてしまったよ。15分程抜けるけれど、ちょっと待っていてくれないか？　やれやれ、またジョブズに怒られてしまうよ。」そう言って、笑いながら席を立ちました。

これが、後に私たちの生活を一変させることになるiPhoneの試作品でした。当時、スティーブ・ジョブズと、彼の後を継ぐことになるApple現CEOのティム・クック、そしてジョン・カウチ氏の3人だけが、プロトタイプで社内運用していたiPhoneだったのです。この小さな端末が、後の世界でどんなイノベーションを引き起こしたかについては、述べるまでもありませんが、初代iPhoneがアメリカで発売されたのは、この翌年の2007年。日本に上陸したのは、そこからさらに1年後のことになります。当時の日本人にとって携帯電話といえばガラケーが当たり前で、ましてやTwitterやInstagramなどのSNSが今のように広がることなど、誰も想像していませんでした。

そんなタイミングに、デジタルネイティブの可能性に光を当てる人財育成を予見し、既にその世界に進むためのツールまで形にしていたという事実に、今の私たちが見るべきものがあると思います。

スティーブ・ジョブズ、ティム・クック、ジョン・カウチの3氏が、プロトタイプとして社内で使っていた3台のiPhoneは、その後瞬く間に世界に広がり、今では累計販売台数20億台を超えています（2020年時点）。しかし、この歴史的な快進撃を、日本の大手携帯会社はまったくもって予見できず、後塵を拝する他なかったのです。

私は、本来人財育成を柱とすべき日本の教育業界が、今まさにこのシチュエーションと非常によく似た状況にあると感じています。

どんなビジネスにおいても、これからは、人財としての資質や能力をいかに磨けるかに懸かっていることは誰の目から見ても明らかです。そのために、既にさまざまな教育機関が、最新の知見を結集しながら効果的なメソッドを開発すべく鎬《しのぎ》を削っています。ですが、そのような開発行為は、昨今のように社会全体が絶えず変化する情勢においては、実はミリ単位の影響しか及ぼしていないのではないかと思うのです。なぜならば、この業界においては本当に長い間、従来の枠組みから抜け出せず、新しいルール構築や抜本的なシナリオ変更ができないままでいるからです。それを証明するかのように、2020年から始動するはずだった大掛かりな教育改革も実質ほぼ動かせていません。

それはまるで、技術の開発には優れていても、世の中に変革を起こすようなイノベーションには至らなかったという日本の携帯電話産業のようです。

私は、そうしたジレンマを解き放ち、既成の論理や枠組みにとらわれない人財開発や組織編成のあり方に大きな示唆を与える存在が、ジョン・カウチがいみじくも「D・i《デ》児《ジ》」と呼んだZ世代なのだと考えます。

本書は、実際に私が経営する会社の中にZ世代がもたらした変化や成果について具体的に述べるとともに、その経緯における「対話」を忠実に再現しています。Z世代を理解するためには、その存在を単体で見るのではなく、やりとりを通して見た方が、よりリアルで直接的に把握できると考えたからです。

我が社の事業の柱である人財育成への独自の見解も含めた記述となっていますが、これらが、これからの企業に「不思議な利益」を生む人財の本質について知るための何らかのヒントとなれば、これほど嬉しいことはありません。

62歳の社長が23歳の新人社員と本気で対話したら、会社がスゴイことになった。——目次

第2章 Z世代が推進する「働き方改革」は、なぜ成果を出せるのか？

第3章
昨対比3・1倍の導入実績となった「Z世代の新発想」による商品開発

第4章
Z世代が企業を牽引することによって達成した経営における重要指標の大幅アップ

第5章 経営者世代とZ世代との「世代間交流」が生み出す真価とは？

第1章

今こそ、Z世代の発想を企業のど真ん中に据える時代

Z世代のトリセツで右往左往する企業

私はこれまでの人生において一度もサラリーマンになったことがありません。学生時代に会社を立ち上げてから、約40年以上にわたり、会社経営を続けてきました。

これは何も特別なことではなく、現在日本には400万近くの会社があるそうですから、私と同じような経営者が400万人近くも存在するということになります。国内の弁護士や公認会計士は3～4万人程度ですから、社長の数というのはその約100倍。かなり多いと言えるでしょう。

経営者が担うべき仕事は多々ありますが、とりわけ重要なミッションの一つはやはり人財育成です。企業は人の集合体ですから、社員一人ひとりの成長度によって、その将来性が決まってしまうのです。

実は、私が経営する会社の事業も人財育成であり、1979年の創業以来、「教育」

と「アート」を融合させた独自の人財開発プログラムを開発・提供し続けてきました。より公益性の高い人財育成事業を推進する目的から、2015年には、一般社団法人「日本アクティブラーニング協会」を立ち上げ、幼稚園・小・中学校・高校・大学といった公教育、塾・予備校といった民間教育機関、さらには企業の社会人まで、あらゆる教育研修プログラムを実施・運営しています。「探究学習」や「総合型選抜」(旧AO入試)のためのカリキュラムや、企業の新人研修やマネージャー研修など、その実施回数は年間250回以上に上ります。

日本アクティブラーニング協会の研修の一つの特徴は、公教育と民間教育に対する人財開発と、社会人に対するそれとが、ほぼ同じメソッドによって実施できるという点にあります。「小学生から社会人まで同じ内容の教授法なんて本当に可能なの?」と驚かれるかもしれませんが、人財開発におけるエッセンスを凝縮した特別なプログラムであるため、原則として全世代に対応できる育成カリキュラムなのです。

そうした人財育成事業を進めていく中で、ここ最近私が強く感じていることがあります。それは、特に企業の経営者による依頼内容の変化です。

具体的には、いわゆる「Z世代」と呼ばれる新人ないしは若手社員に関する悩みなのですが、大小さまざまな企業の方が、言葉を選ばずに言えば、彼らをどう扱えばいいのかについて非常に戸惑われているのです。その課題意識から、会社の未来を担う若手世代の本領を発揮させるための効果的な育成法について、学生から社会人まで幅広い世代を対象としている弊社に、多くの企業から相談が寄せられているのだと思います。

経営者世代とZ世代との深刻なギャップ

1990年代後半から2000年代前半生まれの世代は「Z世代」と一説には呼ばれています。その前の世代であるミレニアル世代（1981〜1996年生まれ）以上に恵まれたIT環境で育ち、Twitter、TikTok、Instagramなどで常に友人や国内外の著名人とつながり、自分のこともオープンにしながら、まるで手足のように複数のSNSアカウントを使いこなす、通称SNS世代とも言えるでしょう。

一方で、経営者とされる社長の平均年齢はというと、60・1歳（「帝国データバンク」2021年1月調べ）で、調査を開始した1990年以降ずっと上昇し続けています。この世代はまさにベビーブームの10年後の世代。俗に「断層の世代」とも呼ばれています。20代後半から30代前半でバブルを経験した一方で、コミュニケーションメディアは電話が中心、創業当時の会社にはパソコンすらなかったアナログ世代とも言えます。下手をすれば、いまだにガラケーを使い続けている人もいるかもしれません。

そんな経営者世代とZ世代では、働き方に対する考えも、他者とのコミュニケーションの方法も、日常の行動特性も、すべてにおいて抜本的に異なります。モノを作れば次々に売れたような、景気が右肩上がりの中に「成功」のモデルを見出してきた世代が今の主な経営者世代だとすると、Z世代はそのような価値観を持ち合わせていません。彼ら彼女らは、高いネットリテラシーを持ち、人とのつながりやコミュニティにおける良好な人間関係を重視し、その中で得たさまざまな情報から自分にベストな選択肢を見出していきます。「有名企業に入って出世できれば成功」といった単一の成功モデルに依存することなく、多様な個性を尊重した働き方や生き方に幸せを感じる世代なのです。

ですから、年配の経営者がZ世代の人財を活用しようとしてもあらゆる局面から齟齬《そご》が生じ、結局、その中間となるミレニアル世代やX世代（1960年代～1980年代初頭生まれ）に彼らの育成を委ねてしまう傾向があるようです。ところが、そうした対症療法的な手段では思ったような効果がなかなか上がらず、どうしたものかと我が社に相談にいらっしゃる……という状況なのでしょう。

5年ぶりの新卒採用と独自の社風の関係性

ですが、私は、会社を良い意味で化けさせ、社会に新たな付加価値をもたらす原動力が、先に述べた経営者世代とZ世代との間にあると確信しています。**Z世代の人財こそ、**

企業に「不思議な利益」をもたらす存在そのものなのです。

全国の数多の経営者がこの原則に気がつき、Z世代とのエキサイティングな創造活動を企業経営に活かすことができれば、何となく閉塞感のある日本経済に前向きな変化をもたらすことができるのではないかとさえ思います。

私がそのような考えに至った根拠は、昨年弊社が採用した新人社員による信じられないような成果の数々を目の当たりにしたことです。

その具体的な事例については後の章で明らかにしたいと思いますが、成功の要因はどこにあったと思いますか？

それは、まさに62歳という還暦を超えた年齢の経営者である私自身と、大学を卒業したばかりの23歳のZ世代である新人社員との「対話＝ダイアローグ」でした。

ちなみに、我が社が新人社員を採用したのは実に5年ぶりです。なぜならば、ある時期を境に、社の方針として、新卒一括採用のような通常の雇用活動を敢えてストップしていたからです。もちろん採用全般を止めているわけではありません。むしろ、重要業務や将来的に推進すべきプロジェクトに必要な人財を常時探し続けており、それに相応しい出会いがあればすぐに声をかけスカウトするというスタンスです。最近になって、新卒に限らず第二新卒や海外大学卒業者を対象に年間を通じて採用活動を行う通年採用が注目されているようですが、我が社の採用活動も特に対象や期間にはこだわっていません。

人財の採用について、何故このような状況に変容していったのかと言えば、それは我が社の独特な組織風土が関係しています。

採用とはまったく関係ない話に聞こえるかもしれませんが、社長である私のことを、社員は「秀希《ひでき》さん」と、ファーストネームで呼びます。本書のタイトルを裏切るようですが、これまで私は「社長」と呼ばれたことがないのです。通常は、「〇〇部長」とか「〇〇課長」など、名前に役職を付けて呼び合う企業も多いでしょうから、ファーストネームで社長を呼ぶ会社というのは、ちょっと変わった企業だなと感じられるかもしれません。また、立場に関係なくフラットな環境を重視している企業なのだろうと考える方もいらっしゃるかもしれません。ですが、そのような慣習を敢えて選択している本質的な理由は、そのどちらでもありません。

一番は、会社のポリシーとして「パートナーシップ」を重んじているためであり、組織を構成する社員は、キャリアや立場以前に「それぞれに意志を持つ自立した存在」として関係を構築すべきであるという考え方に由来しています。指示や命令によってやるべきことをこなす業務体制ではなく、それぞれの社員の個性や感性の掛け合わせ、つまり「パートナーシップ」から生み出される創造性によって会社を営むことに強くこだわった経営方針なのです。社長をファーストネームで呼ぶのも、このような企業としての背景があるからです。

綺麗事ではなかった「パートナーシップ」までの道のり

ただし、このような企業経営は綺麗事では済まされず、もちろん簡単ではありません。私含め、考えの異なる人間同士が衝突し、会社に混沌をもたらすことが度々あります。さまざまな矛盾を社内に持ち込むこともあります。

ですが、「パートナーシップ」にこだわった経営が生むメリットは、それを超えて余りあることを、私自身強く実感しています。「パートナーシップ」とは即ち、ビジョンの実現を相互に約束し、互いの志が重なりあうことが条件となる関係性です。ですので、指示されたことのみを遂行すれば良いという有限責任ではなく、社内で起きたことを自分ごととして捉え、何ができるかを自ら考え行動する無限責任が問われますから、ある意味では、厳しい関係だと言えます。ただ、一旦この関係性が形成されれば、個人の力だけでは決して出てこない想定を超える着想や手段が生み出されやすいのです。

ちなみに、こうした経営ポリシーは、弊社と連携いただいているパートナー企業の方々との関係づくりにおいてもまったく同様です。我が社が他社と連携する際、委託内容や契約条件の良し悪し以上に、事業に対する相互の共感の方に最大のプライオリティを置いた協業体制を組んでいます。

つまり、対社員であっても対企業であっても、あくまで「パートナーシップ」に重きを置くという考え方が会社に深く根ざしていたからこそ、新卒一括採用という手段を自然と行わなくなってきたわけです。その結果、私の中に「我が社が求める人財を発掘しなくては。きっとどこかに眠っているはずだ」という経営者としての使命感が育まれることになり、絶えずパートナーを探し続けるという常時採用を選択することになったのだと思います。

そうこうしているうちにやっと巡り合えた人財が、2020年度から日本アクティブラーニング協会のメンバーとして入社した太田さんです。

先に述べた通り、彼女が入社したことにより、私が想像した以上の変化と成果が会社に生じたわけですが、今思えば、この不思議な利益をもたらすダイアローグは、彼女と初めて出会ったところから既に始まっていたように感じます。

Z世代の本音を引き出す「円盤型教材」

5年ぶりの新人社員である太田さんは、まさにZ世代を絵に描いたような存在です。

彼女いわく、就職活動のプライオリティは、「報酬や出世よりも、自分や社会にとって意義のある仕事であるかどうか」であり、実際に就職活動の際、その企業の事業内容が社会貢献につながっているのか、徹底的に調べたそうです。

そんな彼女を採用するきっかけとなったのは、計画的な採用活動が功を奏したからではありません。それは、まったくの偶然でした。実は、彼女が学生講師として働いていた、とある民間教育機関での講師研修を弊社で実施したことが始まりだったのです。

我々が人財研修を行う際、必ず実施するアクティブラーニングメソッドに「円盤型教材」があります。これは、正解のない課題と向き合い、新たな解答を生み出す力を養成するためのプログラムで、各界の有識者や大学の教授陣が名を連ねる「教育改革推進協議会」が監修して作問されています。その名の通り、形状はすべて丸型、円盤の形をしています。実はこの形状が特許を取得している一つの要素となっているのですが、これまでの数多くの研修事例からわかったことは、同じ問題に取り組んでも、不思議なことに、四角い形よりも円盤型の方がユニークで含蓄のある解答が生まれるということです。

〝百聞は一見に如かず〟ですから、実際の問題をご覧ください。

Story Telling

SDGsカリキュラム

新しい人財開発プログラム　Center for Sustainable Development 認定プログラム
EARTH INSTITUTE | COLUMBIA UNIVERSITY

■ 次の問いに答えよ。〔制限時間 5分間〕

我が家に、赤い冷蔵庫が届いた。

この一文で始まる多くの人が感動する120字以内の物語を書きなさい。
（我が家に、赤い冷蔵庫が届いた。は120字に含まない）

我が家に、赤い冷蔵庫が届いた。

Name :　　　　Group :　　　　Date :　　　　特許取得 特許第6535771号

Japanese Council for Education Reform
教育改革推進協議会 監修
日本アクティブラーニング協会メソッド
Japan Active Learning Association

■次の問いに答えよ。（制限時間 5分間）

我が家に、赤い冷蔵庫が届いた。

この一文で始まる多くの人が感動する120字以内の物語を書きなさい。（我が家に、赤い冷蔵庫が届いた。は120字に含まない）

このような問題を予告なく出された研修参加者は、スマホや辞書、自分のノートなど、何かに頼ることを一切禁じられた状態で、その場で解答を作成していきます。しかも、制限時間はわずか5分間。即興で自分なりの解答を完成させなくてはなりません。

この「絶対的な正解がない」ということと、「即興＝インプロビゼーション」という二つの条件が重なったとき、まさに、その研修参加者の志向が露わになります。各人が本当に思っていることや興味・関心の方向性、経験やバックボーンなど、自分でも普段あまり意識したことのない自らの「本音」に自然と向き合えるのです。

一枚の解答から見えたZ世代のとてつもない可能性

とかく、研修というのは、「自分をよく見せなくてはならない」とか「模範的に振る舞わなければならない」という気持ちが先行してしまい、その取り繕いが、自身の中にある本当の個性や資質の領域に蓋をしてしまうということが多々あります。これでは、いくら優れた指導者や効果的な方法論があったとしても、その場限りのパフォーマンスが横行するだけで、実効性の高い人財開発にはなりません。

ところが、研修の中で円盤型教材に解答し、改めてその内容を振り返ると、「私って意外とこんなことを考えていたんだな」とか、「これまでの経験がこんなふうに自らの根っこになっていたんだな」など、日常では見えていなかった自身の本質について深く掘り下げることができるのです。このような、強制されることのない自然な「自己開示」が、仲間との信頼性を高め、立場を超えた自由な議論を促すことにつながり、研修の目的を果たすための効果的な人財環境を形成していきます。

ちなみに、27ページで例示した円盤型教材の問題は、まさに太田さんが参加した民間教育機関での講師研修の際、参加者に課したものです。その研修には総勢250名の大学1年生から4年生までが参加したのですが、ここで彼女が書いた解答に、私の心は強く揺さぶられました。

このときのエピソードについては、第4章にて明らかにしたいと思いますが、太田さんが120字で記述した「物語」に、私は「この人物には何かがある」と直観したのです。

私は人財育成を生業とする企業の経営者という立場であることから、これまで各界の錚々《そうそう》たる方々に出会ってきました。どの方も素晴らしく、一筋縄ではいかなかったであろう、その道を極めた末に辿り着いた価値観や哲学について、私自身が多くを学びながら自社の人財開発事業に落とし込み、プログラム化してきました。その一環として円盤型教材を監修している「教育改革推進協議会」がありますが、その構成員の一人である、日本を代表する経済学者の竹中平蔵氏には、私と一緒に共同代表を務めていただいています。

そんな私が、まだ顔すら知らない10代後半の大学生によって作られた解答を見たとき、これまでにはまったくなかった感覚に陥ったのです。それは、私がこれまで出会ってきた超一流の人財が切り拓いた道筋の延長線上を灯すべき光となる「すごい世代だ」という直観です。

人財発掘のための「一度きり」の最終面接

この日を境に、私は新しい人財を採用すべきだと考えるようになりました。太田さんという個人的な資質はもちろんのこと、彼女の中にあるZ世代の独特な性質を把握し、組織で活かすことができれば、自社を発展させることはもちろん、他の教育機関や企業のための人財開発プログラムを大きく進化させることができるのではないかと考えたのです。

この解答を作った当時、彼女はまだ大学2年生。本格的な就職活動は始めていなかったはずです。その約2年後、彼女が大学4年生になった頃を見計らって、あらゆる伝手を頼りに彼女とコンタクトを取り、我が社の入社試験を受けてみるよう強く勧めました。当時の彼女は、就職活動において研修事業業界や教育業界はほぼ視野に入っていなかったと思いますが、熱心な誘いを受けるうちに気持ちが動かされ、入社試験を受ける決意をしたそうです。

私は、もちろん「世代で人財を採用する」という考え方の経営者ではありません。ですが、実際に会社組織のあり方を新次元にまで高め、これまでとは違った業績につなげられたのは、まさにZ世代が有する目には見えない特性を炙り出すことができた、ということの証明だと考えています。

それを感じさせる象徴的な対話が、太田さんとの最終面接でした。

といっても、実は我が社の採用試験は、この最終面接のみです。もちろん例外はありますが、原則的には、経営者である私と志望者との一度の面接によって、採用するかどうかをほぼ決定しています。

こうした独特な採用形式は、長年にわたりそれこそ数千人にのぼる採用面接を行ってきた私の経験によるものです。

多くの企業の人事担当者の悩みは、手間暇かけて何度も面接を重ねて内定を出した学生から、まさかの辞退が出てしまうという事例なのではないでしょうか?

ここで私が言いたいのは、そんなに**何度も面接を実施しなくても、実はその人財の本音や本質を浮き彫りにする手法はある**ということです。

偏差値的モノサシではなく人物重視にこだわる理由

弊社で開発している教育カリキュラムの一つに、総合型選抜を受験する中高生たち向けのものがあります。この総合型選抜とは、ペーパーテストでは見えない人財の多面的な要素を総合的に評価し、「アドミッションポリシー=大学が求める人財像」にマッチングする学生を採用する選抜制度であり、従来の受験制度の中心にあった偏差値という価値観とは一線を画するものです。

勘の良い方はお気づきになっているかもしれませんが、この総合型選抜での採用方法は、まさに企業の入社試験のそれと同質です。いまだ企業の採用をペーパーテストのみで実施するという話は聞いたことがありません。また、人財の本質的な要素や資質を見抜き、志望者のビジョンと企業の理念とがマッチングする学生を採用するという行為は、どの企業の人財採用においても共通するものでしょう。つまり、総合型選抜と非常によく似た構造を持つ採用システムが企業採用なのです。

そして、大学による総合型選抜での面接は、多くの場合、たった一度きりです。円盤型教材を監修している教育改革推進協議会の共同代表に竹中平蔵氏がいらっしゃることは先に述べた通りですが、竹中氏は過去に慶應義塾大学総合政策学部の入試委員長を務められ、今の総合型選抜にあたるＡＯ入試の面接官も担っていた方です。同じキャンパスにある環境情報学部と合わせて通称慶應ＳＦＣと呼ばれるこの学部は、ペーパーテストを一切実施しない人物重視の採用として、日本で初めてＡＯ入試を導入しました。この方式で30年以上人財を採用、輩出し続けてきた慶應ＳＦＣは、今では「総合型選抜の東大」のような存在として君臨し、その出身者による多岐にわたる活躍は、さまざまなメディアでも取り上げられています。

そんな慶應SFCの総合型選抜でも、書類審査による1次選考を通過すると、あとは一度きりの面接で合否が決まります。「教授3人による約30分間の個別面接」という形式ですが、竹中氏いわく「教授3人がかりで30分かけて面接するということは延べ90分間一人の学生に相対するということ。その人物が何を考えているかは自ずとわかる。本当に思っていることが何かも、実は思っていないことが何かもすべて伝わってしまう。」とのことです。

Z世代の持つ変化をものともしない「凄み」

先にもお伝えしましたが、弊社の教育カリキュラムでは、まさに、総合型選抜における一度きりの面接審査において、本来の自分が出せるようになるトレーニングとしても、円盤型教材を活用しています。

面接試験の会場が醸し出す独特な「空気の硬さ」に萎縮せずに、どんな状況でも自分の内面をしなやかに表現する力を鍛えることが、実は円盤型教材でトレーニングできるのです。

以上のような状況を別の角度から捉えると、実は、面接の場を「一度きりの凝縮した時間」にすることができれば、そんなに何度も面接審査を実施しなくても、人物の本質を見ることができる、というのが私の持論なのです。特に、面接での対話は最初が肝心です。形式ばった社交辞令的なやりとりから始まってしまうと、その堅苦しさのまま面接が終了してしまい、本人の特性や本音が見えてきません。

ですので、弊社の採用面接では、最初のタイミングで、志望者に弊社独自の円盤型教材に解答してもらうところから始める、というちょっと変わった手法をとっています。

ということで、太田さんとの面接も、まず初めに円盤の問題に解答してもらうところから始まりました。経営のトップである私と太田さんとの1対1のやりとり、しかも、この1回で選抜されるというシチュエーションですから、いくら私から誘った入社試験であるとはいえ、彼女からするとなかなかに緊張する場面だったと思います。

ですが、私は、彼女との最終面接での対話によって、まさに、変化の激しい時代の濁流を悠々と泳ぎきってしまう「Z世代の凄み」を痛感することになりました。

「あなたの生き方を発明してください。」から見えた重要なメッセージ

次の円盤問題は、弊社の入社面接の冒頭で、志望者に必ず解いてもらっているものです。

■次の問いに答えよ。（制限時間 5分間）
あなたの生き方を発明してください。

この問題に対する太田さんの解答は次のようなものでした。

I have not failed. I've just found 10,000 ways that won't work.
(私は失敗したことがない。ただ、1万通りの、うまくいかない方法を見つけただけだ。)
これは発明王エジソンの名言ですが、私にとっての人生における発明とは、どんなに失敗したとしても、1万1通り目の打開策をつくり出していくことです。

では、ここからは、面接での私と太田さんによる対話の冒頭を、ご紹介したいと思います。

Invention

SDGsカリキュラム

新しい人財開発プログラム Center for Sustainable Development 認定プログラム
EARTH INSTITUTE | COLUMBIA UNIVERSITY

■ 次の問いに答えよ。〔制限時間 5分間〕

あなたの生き方を発明してください。

Name：　Group：　Date：　.　.

特許取得 特許第6535771号

このTheater Learningで出た解答を、広報を目的としたメディア媒体に使用させていただく場合があります。

また、解答者との合意の上、SNSなどのインターネットメディアに情報を掲載・拡散する場合があります。問題がある場合にはお申し出ください。

取得した個人情報の取り扱いについては右記をご覧ください。http://www.activelearning.or.jp/policy/management.html

Japanese Council for Education Reform
教育改革推進協議会 監修
日本アクティブラーニング協会メソッド
Japan Active Learning Association

「そんなに硬くならなくていいからね。言葉も無理に丁寧にしなくても大丈夫。まあ、緊張するなといっても難しいと思うけれど、要は、先ほど向き合ってもらった円盤の問題を解くような、自由な感覚を大事にしてください。」

「はい。ありがとうございます。そう言っていただけると、ちょっと気持ちが楽になります。」

「さて。太田さんの解答、なかなか納得させられる内容なんだけど、発明と言えばエジソンだと思い付くところまではわかるとして、よく彼の名言が出てきたね。これはどうして？」

「そうですね。というか、まずこの問題を見たとき、『私、発明なんてしたことない』ってかなり困ってしまったんです。むしろ問いについて考えれば考えるほど、上手くいかない自分の失敗経験の方を思い出してしまいました。それで、どうせなら発明王のエジソンの言葉を拝借して、私自身が一番勇気をもらえるような、自

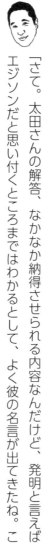

分が欲しい言葉に転じさせたらどうなるかな……？と考えてみたらこうなりました。」

「なるほど、そうか。自分が求めているメッセージを解答に込めたのか。そんなふうにこの問いを捉えたとはね。いや、この円盤問題を前にすると、自分があげた成果や業績を持ち出しながら解答する人がすごく多いものだから、太田さんのような考え方は逆に新鮮だなあ。」

「そうなんですね。でも私の感覚では、そういった実績ばかりをアピールしても、あまり魅力的に映らないのでは……と思ってしまいます。」

「ほう、それはどうして？」

「ええと。私が思うに、実績って、つまり、誰から見ても『これはすごいな』っていうことですよね。これってあまり現実的じゃないと思うんです。価値観は人それ

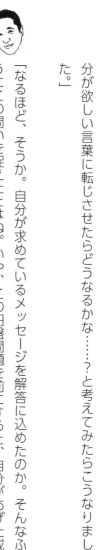

ぞれですし、状況が変化しやすい今のような時代だと、それすら日々移り変わりますから。絶対的に価値のある永久不変に良いものって本当に存在するのかなって、疑ってしまうところがあります。……あ、こういう考えって、ちょっと**刹那的**ですかね……？」

ここまでのやりとりはおそらく5分もなかったと思います。ですが、私は、この対話から、これから事業を継続させていく上での非常に重要なエッセンスが、彼女の中にギュッと詰まっているのではないかと感じたのです。さらに、そのコアのようなものは、私が生きてきた62年間の経験から得たものとは、まったく別のところから生じているようでした。

経営者世代にはない「時間」に対する捉え方の違い

まず私が感じたことは、太田さんを通して見える「時《とき》」に対するZ世代特有の捉え方です。

2020年は、世界全体が新型コロナウイルスの蔓延という未曽有の厄災の影響を受け、本書を執筆している今現在も収束の兆しは見えないままです。働き方も教育も対人コミュニケーションも、それまでの当たり前や、これは絶対に変わらないだろうとされてきたことが、なかば強制的に変容せざるを得ない状況を、私たちは目の当たりにしています。

特に、今回のような感染力の強い新型ウイルスによるパンデミックにおいては、「移動の制限」や「ソーシャルディスタンスの確保」に代表される、いわゆる3つの密を回避するための空間における問題がフォーカスされがちです。

ですが、実はその裏には、「時間」に対する課題が、ずっしりと横たわっていることに、私たちは気づくべきでしょう。

つまり、「移動の制限」によってリモート勤務が促進されたということは、出勤のために要していた移動時間の消失を意味しています。このことを別の角度から見れば、1日の中で新たな時間が生み出されているということになります。

また、「ソーシャルディスタンスの確保」のためにwebシステムを活用した社内会議などを実施している企業も多いと思います。この状況から、情報共有のあり方や価値創造の場とは何なのか?など、他者とのコミュニケーションにおける時間の質が問われていくはずです。

そう考えると、テクノロジーによって生み出された時間に対して、本当に意味のある時間を過ごせているのか?といった課題にどれだけ真摯に向き合えるかで、企業としての価値が決まるのかもしれません。

経営者として、そんな課題感を漠然と感じていた私は、太田さんとの対話から、時間を凝縮する概念を感じ取ったのです。具体的には、「今を最大化する」という考え方です。

Z世代に組み込まれている、800年前と同質の人生訓「無常観」

話は変わるようですが、日本を代表する古典作品「方丈記」を知らない方はほぼいらっしゃらないと思います。この作品のテーマとも言える「無常観」は、実は当時の日本を襲った大きな飢饉を伴った自然災害がベースになっています。火災や台風、地震や疫病など、この作品の前半部分のほとんどは、鴨長明が800年前に実際に遭遇した、絶望的とも言える大厄災に関する生々しい記述です。

次は、そのあまりに有名な書き出しです。

ゆく河の流れは絶えずして、しかももとの水にあらず。よどみに浮かぶうたかたは、かつ消えかつ結びて、久しくとどまりたるためしなし。世の中にある人と栖《すみか》と、またか

くの如《ごと》し。

先にご紹介した面接の中で、太田さんが自然に漏らした**「刹那的」**という言葉から、私は、「方丈記」が伝える哲学と同質のものを感じ取ったのです。

鴨長明が生きた時代は、想定外の自然災害に見舞われ、栄華を極めた建物が一夜にして崩壊し、都市機能が麻痺するという状況が立て続けに起きました。これは、現代の私たちを取り巻く状況と非常によく似ています。実際、東日本大震災のときも、「方丈記」は貴重な災害記録文学として再注目されました。

激動の時代をどう生きていけばいいのか、現代の私たちにも通ずる人間としてのあり方を示してくれる人生訓が「方丈記」であり、それと重なるコンセプトが、既に内面にインストールされている存在がZ世代であるならば、これは非常に価値あることなのではないかと思います。

ちなみに、鴨長明が「方丈記」を書いた800年前、こうした無常観、厭世観《えんせいかん》は、当時の末法思想と結びつき、人々は死後の極楽浄土を祈り阿弥陀如来を盛んに拝むようになったそうです。つまり、宗教に救いを求めたのです。大きな災害を経ると、宗教や哲学が流行するようになると言われますが、ここ最近、ビジネスパーソン向けの哲学書が一つのジャンルとして確立されている状況は、実は、時代を超えて非常によく似た現象が起きている証明なのかもしれません。

Z世代との「本気の対話」からすべてがはじまる

たしかに、宗教や哲学から学ぶべきことは多々あります。ですが、そのような普遍の原理を、日常の行動や実働に落としこんでいかなければ、単なる座学に留まってしまい、大変にもったいないことです。

ただし、時代を超えて残すべき核心が、実は太田さんに象徴されるZ世代の真のポテンシャルだとすれば、それは企業経営にとって、とても意義のあることではないでしょうか。

企業が抱えるさまざまな閉塞感を突破するキーパーソンとして、Z世代を組織の中で強烈に機能させよう！

こう腹を決めた私は、太田さんを採用し、彼女が持つ素質を徹底的に掘り起こし、従来の延長線を辿らない方法で会社を展開させるための方策を推進していきました。

それは非常にシンプルな方法です。経営者、つまり社長である私と太田さんとで本気の対話を重ねていったのです。

「本気の対話」とは、つまり、本音の対話であり、対等な対話です。変に取り繕ったりせずに、忖度なく、今、会社にとって本当に必要なものや作るべき商品についてセッションをしました。

とはいえ、62歳の私と23歳の太田さんとでは、世代ギャップもジェンダーギャップもあり、お互いもはや別の人種という感覚。それでも、相互の対話によって、新たなアイデアを生み出し、それらをすぐに形にし、システム化、商品化できたのには、理由があります。

私たちの対話の真ん中に、まさに全世代的に同じ手法で教育・研修を実施できる「円盤型教材」の存在があったからです。実はこの教材は、日本の教育に対する私自身の課題意識から生まれたアクティブラーニングメソッドでもあります。

日本の教育課題は「悪しき平等主義」からの脱却

私が経営する企業グループには、教育事業とは別に、オリジナルミュージカルを上演している「音楽座ミュージカル」による舞台芸術事業があります。手前味噌な話になってしまいますが、1987年の旗揚げ以降、読売演劇大賞、紀伊國屋演劇賞の受賞歴と共に、あらゆる舞台芸術の中で最高の賞のひとつとされている文化庁芸術祭賞を、3度受賞しています。「音楽座ミュージカル」が生んだ舞台作品は、2020年より東宝株式会社に脚本・音楽の著作権を貸与し、日本の演劇界を代表する新たなキャスティングによって上演され、大きな話題を呼んでいます。

本書16〜17ページで、弊社では、「教育」と「アート」を融合させた独自の人財開発プログラムを提供している旨をお伝えしましたが、人財育成にアートの要素を組み込めているのは、まさに「音楽座ミュージカル」を通じた舞台芸術事業を生業としていることが、その所以なのです。

実は、舞台を創る上で、照明は非常に重要な演出装置です。俳優が演じる舞台上の人物の感情から場面全体のテーマ、また、大道具などだけでは表しがたい「炎」「風」「水」のような大自然の情景まで、照明の演出によって表出させることができ、その当て方ひとつでシアター全体が醸し出す印象に大きく影響します。

舞台の照明装置にはたくさんの種類がありますが、私が教育事業に携わる中で感じているのは、日本の教育は非常に「フラッドライト」的な考え方だということです。フラッドライトとは、ステージ全体を広域で照射する照明器具のことですが、私からすると

「平等主義」の日本は、まるでこのフラッドライトしか活用しようとしない偏った教育観であり、それが結果として、社会全体の停滞を生み出しているように見えます。

Z世代の個性に光を当てる経営が求められる時代

質の高い教育の機会を均等に提供することは絶対に必要なことですが、こうした平等主義から生まれた教育スタイルは、現在大きな課題になっています。一律の情報を先生が教室で一方的に講義し、そこで得た知識量をテストで測って成績をつけるという日本の教育の、ある意味での集団主義は、まるでフラッドライトだけしか使わない味気ない舞台のようです。全体を隈なく照らし出すことに終始し過ぎた結果、子どもたちの能力を一つの物差しでしか測れない知識偏重の教育が社会全体に定着することになったのです。その結果、人財の中にある特異な分野や眠っている才能を開花させる教育の推進が阻まれているように思います。

当然ですが、ミュージカルの舞台を成立させるとき、フラッドライトだけの照明装置では感動を生み出すことはできません。脚本と楽曲が織りなすストーリーを、歌とダンスとセリフとで表現する舞台俳優の演技は、ある一カ所を強烈に照らす「スポットライト」を効果的に使うことで、より際立ちます。スポットライトによって観客の視線を集中させることができ、逆に舞台全体の世界観がより奥行きのあるものとして表現されていくのです。

私は、長年にわたり舞台芸術事業にも携わってきたことから、この「スポットライトを当てる」という行為を、人財育成においてもより効果的に活用すべきだと考えています。集団全体ではなく、ときには、敢えて個人に光を当てることで、その個性を際立たせ、「なるほど、こういう存在の仕方もアリだな。自分だったら、何ができるだろう?」と、周囲の人財に強烈な影響を及ぼし、新たな気づきを与える活力源にすることができるのではないかと思うのです。

そして、今こそ、世代のギャップを組織内で効果的に機能させるために、「Z世代」という新たな人財に、このスポットライトを当てるべき時代なのではないでしょうか。

次章からは、社長である私と、新人社員である太田さんとの対話がきっかけとなって、実際に実現した社内システムの改革や新商品の開発など、具体的な事例を交えながらより詳細にお伝えしていきます。

第2章

Z世代が推進する「働き方改革」は、なぜ成果を出せるのか？

円盤問題での対話から生まれた「理想の働き方」

我が社では、原則として月曜日に全社員が集まる定例ミーティングがあります。そこで、各社員がそれぞれのプロジェクトについて進捗状況を共有したり、懸念や課題を持ち寄ったりしながら、互いのアイデアを出し合って、次なる施策や方針を確定していきます。

といっても、決まった段取りに沿って社員が順番に話すというような会議ではなく、カジュアルでフラットなフリートークの打合せです。ときには、社員の個人的な趣味の話や最近観た面白い映画の話などへ話題が逸れることも多々あります。ですが、こうした**一見仕事と関係ないやりとりから、ビジネスに活かせる尖ったアイデアが生まれたりするのが、この週に1回の「雑談の棚卸し」の面白いところです。**

そして、残りの火曜日から金曜日は、各社員の働きやすいスタイルを自分で設定してもらいます。ですので、月曜の定例ミーティングの最後は、次のような会話になります。

社長（私）「ええと、じゃあ、今週はそれぞれどんな予定？」
社員A「私は、水曜と金曜は取引先との打合せで、ミーティングスペースを使いたいので会社に来ますが、あとはリモートワークにします。」
社員B「僕はフルリモートにします。集中して完成させたい企画書が溜まっているので。」
社員C「実は今週から春休みに入っちゃってウチに甥っ子が来るんですよ。子どもたちが騒いで自宅では仕事にならないので、自分はオフィスに来て仕事します！」

とまあ、こんな感じです。それぞれの社員のライフスタイルや仕事の状況に合わせて、自在な働き方を各自が選択するようにしているのですが、実は、思い切ってこのような制度を導入したことによって、社員の出社日数の週平均はほぼ2〜3日になりました。にもかかわらず、生産性にはまったく影響がないどころか、むしろ以前よりも向上しているぐらいです。

このような自在な働き方が実現したのは、太田さんの入社以降ですが、まさに、私と太田さんとの対話がこの働き方改革のきっかけを作りました。

さらに言えば、「社員の働き方」という会社の根幹をなす機構を、無理な負荷をかけずに変容できたのは、円盤問題について何気なく話していたところから二人の対話が展開していき、働き方に対する本音のコミュニケーションができたからでした。

次に、私と太田さんの実際の対話を再現しながら、「働き方」についての理解をどのように深めていったのか、お伝えしていきます。

円盤問題の解答とSNSの共通点

まだ学生だった太田さんの「赤い冷蔵庫」（27ページ参照）の解答を見て思っていたことがあるんだけど、太田さんの解答は制限字数ぴったりだよね。

気づかれたんですね！　円盤問題のように制限字数が設定されている場合、自分の

伝えたいことを制限字数めいっぱい使って表現しています。

制限字数を使い切る、という熱意が伝わってきて感心するんだけど、問題文には「〇文字以内」としか書かれていないから、本当は制限字数を超えてさえいなければいいと思うのが普通じゃない。でも、5分という短い時間で、伝えたいことを字数ぴったりで表現するこだわりは、一種の美学だよね。

秀希さんからそうおっしゃっていただいて光栄です。たしかに、表現や文の順番にこだわりつつ文字数ぴったりにおさめるためには、言葉も相当選びますし、句読点の位置まで気にする必要があります。ですが、普段頻繁に利用しているSNSも同じなので、わりと慣れているかもしれません。

え、SNSが円盤と同じなの?

感覚はかなり似ていると思います。あの、「源氏物語」の円盤、覚えていらっしゃ

いますか？

覚えてるよ、「夕顔の死」に関する問題だったよね。

■次の問いに答えよ。（制限時間 5分間）

紫式部による「源氏物語（文献初出：1008年）」を題材にした絵巻物は歴史上多数存在しますが、江戸時代前期に遺された「盛安本《もりやすぼん》源氏《げんじ》物語絵巻《ものがたりえまき》」は、その全容が判明していないことから「幻の作品」と呼ばれています。

この「盛安本源氏物語絵巻」の欠落箇所の一部だった〈夕顔（ヒロインの一人）が亡くなる場面を描いた絵巻〉が、なんと新たにフランスで発見されたことが、2019年1月に報道されました。右の写真のように、もののけに魂を奪われて死に至った夕顔のわきで、17歳の光源氏らが泣いて悲しんでいる様子が、はっきりと描かれています。

「源氏物語」といえば、いくつかの苦い経験が思い起こされるあなた。例えば、高校時代に古文の先生から「イギリス人にとってのシェイクスピアのように、日本人とし

Genji Tale

SDGsカリキュラム

新しい人財開発プログラム　Center for Sustainable Development 認定プログラム
EARTH INSTITUTE | COLUMBIA UNIVERSITY

■ 次の問いに答えよ。〔制限時間 5分間〕

「夕顔の死」盛安本源氏物語絵巻より

紫式部による「源氏物語（文献初出：1008年）」を題材にした絵巻物は歴史上多数存在しますが、江戸時代前期に遺された「盛安本源氏物語絵巻《もりやすぼんげんじものがたりえまき》」は、その全容が判明していないことから「幻の作品」と呼ばれています。

この「盛安本源氏物語絵巻」の欠落箇所の一部だった〈夕顔（ヒロインの一人）が亡くなる場面を描いた絵巻〉が、なんと新たにフランスで発見されたことが、2019年1月に報道されました。右の写真のように、もののけに魂を奪われて死に至った夕顔のわきで、17歳の光源氏らが泣いて悲しんでいる様子が、はっきりと描かれています。

「源氏物語」といえば、いくつかの苦い経験が思い起こされるあなた。例えば、高校時代に古文の先生から**「イギリス人にとってのシェイクスピアのように、日本人として、源氏物語くらいは嗜《たしな》んでおけ」**と言われたにも拘らず、これまで一切「源氏物語」について深めてこなかったこと。さらには、大学時代、1年間の米国留学中に**「日本人として、源氏物語をどう捉えていますか？」**と聞かれ、困り果てて恥を掻いたことなど…。そんなあなたは、前述の報道を耳にし、思い立って、Twitterに「夕顔の死」に関する内容のツイートを140字で投稿しました。すると、たちまちそのツイートは国内外で話題となり、多数のリツイートに加え、フォロワーも激増することとなりました。あなたのツイートの内容を140字以内で示しなさい。

Name：　　　Group：　　　Date：　　.　　.

特許取得 特許第6535771号

Japanese Council for Education Reform
教育改革推進協議会 監修
日本アクティブラーニング協会メソッド
Japan Active Learning Association

て、源氏物語くらいは嗜《たしな》んでおけ」と言われたにも拘らず、これまで一切「源氏物語」について深めてこなかったこと。さらには、大学時代、1年間の米国留学中に「日本人として、源氏物語をどう捉えていますか?」と聞かれ、困り果てて恥を掻いたことなど…。そんなあなたは、前述の報道を耳にし、思い立って、Twitterに「夕顔の死」に関する内容のツイートを１４０字で投稿しました。すると、たちまちそのツイートは国内外で話題となり、多数のリツイートに加え、フォロワーも激増することとなりました。あなたのツイートの内容を１４０字以内で示しなさい。

この問題って、つまり「バズる」ツイートを考えなさい、ってことじゃないですか。

そう言われるとそうだね。国内外で話題になるとか、リツイートやフォロワーが増えるとか、堅い表現で書いてあるけれど、それって今の言葉で言えば、要するに「バズる」ってことだよね。

そうなんです。私も普段Twitterを利用しますが、たった１４０文字で、自分の

伝えたいことを表現しないといけないなんて、といつも悩みます。私が思うに、**特に今の世代は、「限られた中で自分を表現する」という行為を日常的にSNS上で行っているんです。**

円盤問題を解くときの思考を日常的にしているってこと？

はい。先ほどのTwitterは1ツイート140文字までという上限がありますが、同様にInstagramのストーリーは原則15秒、TikTokの動画でも60秒が上限です。この短すぎる文字数や時間の中で自分を表現するには、1文字も、1秒もムダにはしていられないんですよ！

そうか、太田さんたちの世代はデジタルネイティブだし、SNS上で自分のことを発信することは日常だよね。しかもその限られた中で多くの人の共感を得て、「いいね」をもらえるものを作っているわけだ。SNSって奥が深いね。普段SNSを使うとき、投稿する内容をかなり吟味するの？

考えて投稿することもありますが、ツイートやインスタのストーリーなどは、ほとんどが5分以内で内容を考えて投稿しています。**その瞬間に感じたことをできる限りそのまま投稿した方が、自分らしさを表現できるんですよ**。そのことは見ている人にも伝わるのか、時間をかけて考えた投稿の方が、反応がイマイチだったりします。

その点は完全に、円盤と一緒だね。円盤の解答も、5分という限られた時間で考えるからこそ、解答者のありのままの感性や資質が表出するんだ。

そうですね！　それに、SNSで表現することも大事ですけど、目の前の物事を楽しむことも大切なんです。この瞬間は今しかないですし、そういう意味でも、1秒もムダにしたくないですね。

この対話から、私は、円盤の問題に向き合うときの思考法は、SNS的な思考を得意とするZ世代と非常に相性が良いことに改めて気づかされました。

Z世代との対話で経営者世代の固定観念を解き放つ

ここまででいくつか例示した円盤型教材の形式は、大抵の場合80～160字程度の解答を5分で記述していきます。実は、この問題を最初に目にした研修担当者の方から、必ずと言っていいほどいただく懸念があります。

「問題文の読解は解答時間に入っていないとしても、たった5分でこれだけの情報量を理解し、かつ、まとまりのある文章として解答を完成させるのは、研修参加者にとってかなり難しいのでは？　もう少し易しい問題にできませんかね？」

こうした心配を抱くのは無理のないことだとは思いますが、実は、これはまったくの杞憂であることを、強く主張したいと思います。

社会の第一線でさまざまな経験を経ながら年齢を重ねてきた経営者やビジネスパーソンは、自らの経験自体に縛られてしまうことが往々にしてあります。それらが積もり積もって固定観念となってしまうと、太田さんの言う「円盤問題はSNSと同じ」というZ世代的な感性を理解することは難しくなってしまうでしょう。

逆に言えば、経営者や管理職世代にとって、Z世代との対話は、自分の固定観念を打ち破ってくれる良質なカンフル剤であるとも言えます。

若い人財は、今後もさまざまに進化するSNSをますます使いこなしていくことでしょう。いずれも、「その瞬間に感じたことをそのままの鮮度でアウトプットする」という要素は共通しています。であるならば、彼ら彼女らのありのままの思考を、深いところから引き出すことができれば、例えば時代を先取りする新しい発想が開花するかもしれません。企業にとっては、それが思わぬ商品や新サービスの開発につながるタネになるはずです。

太田さんとの会話から、私は、経営者としてのそんな感覚も働かせつつ、さらに対話を深めていきました。

「ジョブ型」雇用システムの成否で企業の未来が決まる

太田さんの「限られた中で自分を表現する」というＳＮＳとの向き合い方は、リモートワークをする上で大切な「最も有効的な時間の使い方をして、最大の成果を出す」という姿勢に近いものがあると思うんだけれど、それについてはどう思う？

そうですね。たしかに、リモートワークは理にかなった働き方だと思います。今は、社内の連絡ツールも多様化していますし、ｗｅｂ会議システムを使えば、いつでもどこにいても打合せが可能です。時間のロスが省け、その分を別の仕事にあてられると思いますね。

そうか。でも、各社員が散らばってしまうという不安は残るかな。

うーん……それって、社員を信用していない、ということでしょうか？

信用していない、たしかにそうかもしれないね。リモートワークのメリットはよくわかっていても、スムーズに移行できない原因は、「管理型」の体制から抜け出せない企業体質にあるからね。リモートになればタイムカードなどでの出退勤の管理などは意味がなくなるし、社員がどこで何をしているのか把握できない、そもそもきちんと仕事をしているのかわからない、となったときに、各々の社員が健全に仕事に向かえる環境をどう維持できるか、新しい考え方が必要だろうね。太田さんはどう思う？

そう言えば、ある企業では、リモートワーク中、パソコンのカメラを通じて遠隔で監視されていて、5分以上パソコンの前から離れると会社に通知がいく仕組みになっていると聞いたことがあります。正直、私だったらそんな体制、絶対いやです。自分の一挙手一投足が常に見られていると思ったら、全然集中できません。それに、パソコンの前に座っているからといって、必ずしも成果を出せているわけではない

ですよね。離席しなければ、座ったままぼーっとしていてもいいのか、と思ってしまいます。

そうだね。たしかに、監視をすることによって社員の集中力の低下を防ぐ、という効果もあるかもしれない。しかし、全員がその環境で集中できるとも限らないし、かえってモチベーションの低下を招く可能性もある。上手くリモートに移行できず、結局は従来の出社スタイルを変えられない企業も多いよね。

成果がすべてだとは思いませんが、集中して最大限の成果を出すことができれば、全員が同じように9時から5時まできっちりパソコンの前で仕事をする必要はないと思います。

たしかにな。私もよく考えてみると、会社のミーティングスペースや家の自室以上に集中できる場所があるな。一旦会社から離れて、その場所で一気に集中した方が、いいアイデアが出ることが多いね。

たとえば勉強も、自室で黙々と勉強したい人と、人がいる環境で集中したい人がいて、さらに朝型か夜型かは人それぞれです。それなのに、社会人になった途端に、全員同じ時間に出社して、定時になるまでは、やることがなくてもパソコンの前で座っている、というのも少し変です。

まさに、「メンバーシップ型」の人財採用を行っている多くの日本企業の課題だね。採用した人財の職務を明確化せず、大きな成果を出さなくても一定の報酬は約束されている。コロナ禍において「ジョブ型」の雇用体系が注目されているけど、太田さん世代には是非いい意味で「ジョブ型」を推進していってほしいね。

２０１９年に小学生の「将来つきたい職業」で男子の1位に輝き話題になったYouTuber（学研教育総合研究所調べ）は、この「ジョブ型」への移行を表す代表的な例だと思います。制作過程ではなく、アップロードされた動画の再生回数によって広告収入が決まる。作業をする時間もさまざまで、いわゆる「会社員」の働き

方とは真逆のものです。もちろん、いまやYouTuberが小学生にとって身近かつ憧れの存在である、というのが、彼らがなりたい職業にYouTuberを挙げる理由だとは思いますが、もしかすると、いい意味で「ジョブ型」が当たり前になる日も遠くないのかもしれませんね。

こうした太田さんとの対話が大きな後押しとなり、弊社では、前述のような働き方が定着するまでに至っています。現在、太田さんには、社内の働き方改革を推進する役割を担ってもらっています。そして、それぞれの社員が社内や自宅などどこにいても連携をとれるようSNSの利用を促進したり、定着させたりするための旗振り役を、実際に見事に果たしてくれているのです。

「メンバーシップ型」雇用の限界点が見え始めた

第3次安倍内閣が提唱した「一億総活躍社会の実現」に向けて多様な労働形態を奨励する「働き方改革」の動きは、奇しくもコロナ禍によるリモートワークの推進と重なり、より注目されるようになっています。

感染拡大防止のための外出制限によって、多くの会社員が自宅で仕事をすることを求められましたが、業務を遂行するための機能を想定していないプライベート空間である自宅が職場となる状況への適応に対して、ストレスを抱えた人も少なくないでしょう。同時に、会社側からしても、社員の多くがリモートワークになるという状況は、さまざまな混乱や停滞を招くのではないかと、相当な懸念があったはずです。

しかし、私と太田さんとの対話で感じていただけたように、Z世代には、リモートか出社かといった二項対立での価値観はまったくと言っていいほどありません。また、形式的な慣習や「これまでこうだったから」といった従来の発想に縛られず、驚くほど自由自在です。

そもそも我が社の雇用スタイルは、決められた採用目標数通りに人を採用するというスタイルではありません。まず、会社としてのミッションがあり、その業務に相応しい資質を有する人財を探して採用する、「適所」に「適材」をアサインする、いわゆる先述の「ジョブ型」雇用のような思想で長らく会社を経営してきました。このことが、この時代になって、まさに、Z世代の人財がその才覚をスムーズに発揮できる要因となっているのかもしれません。

日本は、「人に仕事をつける」というか、どこの部門でもある程度通用する「適材」に仕立てるために仕事をローテーションさせる「メンバーシップ型」雇用だと指摘されています。

とはいえ、このメンバーシップ型雇用が、今の日本で果たしてどの程度機能しているのか、私から見ると甚だ疑問です。メンバーシップ型雇用は、大括りではありますが、その前提は「終身雇用」です。なぜなら、人財の専門性や資質について深く問わずに、ジョブローテーションを繰り返しながら適性を見出し、会社という組織に人財を適合させていくためには、かなり長期的なスパンが必要となるからです。

いつまでも「チームビルディング型」研修で良いのか?

ただし、今の日本企業の現状を客観的に捉えると、大学生の新卒採用を行ったのち、就業3年以内の離職率は年々上昇しており、2020年時点では30%を超えるまでになっています。これは、**「長い時間をかけて会社に人財を適合させる」という前提自体が今もう既に壊れ始めている、**ということを示唆しているのではないでしょうか?

そう考えると、よく新人研修の担当者から、「新入社員が辞めないようにチームビルディングで結束を高めたい」という課題を伺うことがあるのですが、もはやその問題意識そのものが的外れであるとも言えます。つまり、「自分の人生の時間を捧げ、会社という管理機能に自分を順応させる」というシステムは、Z世代以降、より薄まっていくと思うのです。**チームの結束を高める以前に、若い世代の固有の資質を見出し、即戦力として活かす仕組みを社内に作ることの方が、よほど重要でしょう。**

とすると、「会社を基準とした雇用システム」から、「人財を基準とした雇用システム」への移行が、Z世代が持っている価値観や感性を引き出す際の、前提条件になるのではないでしょうか？

また、彼ら彼女らが本当に考えていることを引き出すためには、立場や職歴を超えて、一人の人間として対等に対話を行うということが、非常に重要だとも思います。

ここで、もう一つ、印象的だった太田さんとの対話の事例をご紹介したいと思います。彼女の存在によって社内の働き方改革が進み、出社とリモートワークのバランスが調和してきた頃に交わしたコミュニケーションです。

「リモートワーク」によって失われたもの

あの、働き方に関してちょっと伺いたいことがあるんですが、質問してもいいですか？

いいよ、なんでも聞いて。

ありがとうございます。コロナ禍以前の従来の働き方と比較して、秀希さんが感じていらっしゃるリモートワークにシフトしたことで失われたものってありましたか？　出社しないとできないこと、というか。

太田さんのようにリモートワークの方が身近だと、想像するのも難しいよね。ちなみに、太田さんなりに予想した答えとか、あるの？

なんでしょう……。「帰り道、先輩社員に飲みに連れて行かれること」とかですかね？

「連れて行かれる」って表現したということは、先輩社員とはあまり飲みに行きたくないのかな？

正直、大学時代の同期と、このコロナ禍で歓迎会や飲み会が開催されなかったことで、いわゆる「ひたすらお酌をしながら上司の話に合わせて相槌を打つ」ような経験をせずに済んだ、とは話していました。

先輩社員がよかれと思って飲みに連れて行っても、今の若い世代には「就業時間外まで上司の機嫌を取らなければいけない」と捉えられてしまうのかもしれないね。

そこにも、「1秒もムダにしたくない」という感覚が無意識に働いているのかもし

れません。

ムダ、か。今の話を聞いて、私もひとつ思い浮かんだことがあるよ。

リモートによって失われたものですか？

そうそう。「何気ない会話」だね。朝の挨拶のときに交わす会話や、休憩中の雑談みたいなものは、全員が同じ場所にいるからこその産物だよね。

「雑談」こそがイノベーションの宝庫

たしかに、リモートだと、会議や商談などがない限りあまり人と話さないですもんね。リモート中、気づいたら一言も発さないまま一日が終わった、なんて話を聞い

たこともあります。でも、そういう雑談って必ずしも必要なものではない気がしてしまうのですが……。

雑談を侮っちゃいけないよ。**雑談には、イノベーションの種が埋まっているんだ。**

雑談でイノベーションを起こすんですか？

イノベーションと聞くと、何か新しいことを生み出すというイメージがあるかもしれないけれど、実は、まったく関係のない要素を結合させたときに生まれるものなんだ。スティーブ・ジョブズも、大学でカリグラフィ（文字を美しく見せる書法）を学んでいて、それが後のマッキントッシュというパソコンを開発するときにとても活きたというのは有名な話だよね。「文字のデザイン」と「機械であるパソコン」がつながるなんて、当時は誰も思わなかっただろうからね。ちなみに、ジョブズがカリグラフィを学んだのは大学を中退してからなんだよ。

あ、その話、聞いたことがあります！　たしか、まったく関心のない必修科目に対してお金を出してまで履修するのが嫌で中退して、その後ジョブズは、自分の興味のある講義だけをモグリで聴講したんですよね。その中にカリグラフィの講義があったとか……。

そうそう、よく知っているね。やっぱり型にはめられたものの中ではなく、それ以外の余白にいろいろな可能性が眠っているんだろうね。雑談は、まさにそんな、型にはまらない自由なコミュニケーションだよね。さらに、大抵、雑談の中身は、その人が今すごくハマっていることとか、興味関心から始まる場合が多い。こうした要素が集まると、思わぬもの同士が組み合わさって、新しい価値が生まれたりするんだよ。

たしかに、月曜日の定例ミーティングでも、わりと皆の雑談からアイデアが広がったりしますよね。ゴルフとか、料理のレシピとか、都市伝説とか、最新のデバイス事情とか、本当に社員の関心のあることが雑談になっていますね。

実際、我が社が開発した国内外の大学に出願が可能なオンラインアプリケーションシステム「The Admissions Office（TAO）」も、昼休みにある社員がふと口にした「日本の大学って、出願の手続きがかなり面倒ですよね」という一言がきっかけで生まれたものなんだ。もしあの日、リモートワークをしていたら、TAOは生まれなかっただろうね。

そうだったんですか、それは知らなかったです。雑談から生まれるイノベーション、侮れないですね。秀希さんのお話を聞いていると、先輩社員とのコミュニケーションも、頭ごなしに否定するべきではないな、と思いました。

良質な雑談を生み出した「源氏物語絵巻」

ただ、雑談は簡単なようで、意外と難しいんだよ。単にダラダラ話しているだけでは、絶対に良質な雑談にはならないからね。

良質な雑談、というと……？

つまり、**相手の知的好奇心を刺激するような、なるほどな、と思うような気の利いた雑談**ということかな。

たしかに、そんな雑談ができれば、多様な発想や着眼点を社内のメンバーと日常的に共有できますよね。そうすると、イノベーションのタネが会社全体に増えていくことになりますから、会社組織にとって、とても良いことだと思います。でも、そ

んな気の利いた雑談って、ちょっと難しそう……。

そんなこともないよ。現に、今、太田さんと私がこうして対話しているのも雑談の一種だけれど、わずか数分のやりとりでも、お互いいろいろな気づきがあったんじゃないかな。

数分のやりとり……。あっ！ それで思ったんですけど、実は、円盤型教材って、「良質な雑談」を生み出すものとしても使えるんじゃないでしょうか？

それは、どういうことかな……？

円盤型教材をきっかけにして、実際に雑談ができるんじゃないかと思ったんです。しかも、それは「良質な雑談」になるんじゃないかな、と思って。

太田さんからの些細な質問によって「雑談」についての理解が深まり、そのことから、自社で開発しているメソッドに、新たな付加価値が生まれた瞬間でした。

繰り返しになりますが、Z世代は、生まれながらにして多様なデジタルデバイスの中で育ち、ソーシャルメディアを自在に使いこなす世代です。実際に、世界17カ国１２００人以上の16～23歳までの学生を対象としたある調査によると、「類似した条件の就職機会（企業など）を選ぶ際は職場が提供するテクノロジーを重視する」が91％（日本：78％）となっています。

太田さんによる「ムダなものに1秒も時間を使いたくない」という言葉は、まさにこの調査に重なるZ世代らしい価値観だと思います。自分にとって必要な情報は、ＳＮＳを駆使すればいつでもどこでも簡単に手に入れられることを経験的に熟知している彼ら彼女らは、そのような「時間をムダにしない」テクノロジー環境を企業にも求めるのでしょう。

ただ、その一方で、「仕事はオンラインよりも（人から）直接学びたいと考える」が75％（日本：88％）となっています。つまり、入社後、仕事のスキルを高めるための自己成長の環境に対しては、人間同士の関係性やつながりを重視していることがわかります。ただし、それは、上司との親睦を深めるためだけの飲み会や取引先への接待のようなものではなく、ネットやＳＮＳでは手に入れることが難しい、本当に意味や意義のある「人間的な対話」への期待であると思うのです。

実際に、太田さんが円盤型教材を企業内の「良質な雑談」に活用できると思ったのは、次のような私とのコミュニケーションを思い出したからだそうです。それは、61ページでご紹介した「源氏物語絵巻」の円盤の問題から発展した対話です。

「夕顔の死」の雑談から生まれたZ世代のイノベーション発想

ところで、太田さんだったら、この問題にはどんなふうに解答するかな？

え、そうですね。「源氏物語絵巻」の「夕顔の死」に関連させて、バズるツイートを考えるんですよね。……私もアメリカやフランスに留学したことがあるんですけど、「留学前に日本文化を勉強してから行きましょう」と言われたのに、何も調べて行かなかったんですよね。ああ、あのときちゃんとやっておけば……。

ははは。たしかに、日本人の多くが同じようなことを言われ続けているんだろうね。自国の文化についての日本人の無知さについては、いろいろなところで指摘されているからね。

そうですよね。でも、そう考えると、この「夕顔の死」の絵巻がフランスで見つかったことは、なんとなく腑に落ちます。

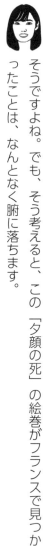

それは、どういう意味？

だって、多くの人がその価値をわからない日本よりも、アートや文化に嗜みがあって、その真価がわかる人が多いだろうフランスで見つかった方が、この「夕顔の死」の絵巻も本望だったろうな、と思いまして。

そう言われれば、そうかもしれないね。19世紀後半に、ヨーロッパの芸術家に強烈に影響を与え、西洋美術史を大きく変えてしまったジャポニズムブームの火付け役となった「浮世絵」も、当時の日本ではほとんど評価されなかったからね。

そうなんですね。自分たちの文化の価値を認識できない私たちは、やっぱりかなり問題がありますね……。

それにしても、「幻の作品」とされたこの「夕顔の死」の絵巻が見つかったとき、描かれている表情の生々しさに私も本当に感動したんだよ。しかも他の「源氏物語絵巻」では、主要な登場人物の「死」を描くということはタブーで、描かれることがほぼなかったとされるシーンなんだよ。

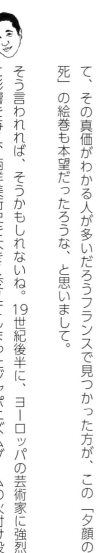

普通なら描かれないヒロインの「不幸な場面」を敢えて絵巻に残したということなのでしょうか？　だとしたら、それは何故なのでしょうか？

そうだね。これは私の想像だけど……。今回発見された「盛安本源氏物語絵巻」は、江戸時代に制作されているものなんだよ。紫式部によって「源氏物語」が書かれた平安時代は上流階級による文化が中心で、「貴族の死」や「嘆き悲しむ宮中の様子」は暴かれてはならない聖域だったから、絵巻に残されることはなかった。しかし、その数百年後「夕顔の死」が描かれた江戸時代は、武士や貴族だけではない町民による文化が徐々に花開いていったんだ。その結果、誰も描かなかった「夕顔の死」が絵巻になったのだと思う。この絵を見ると、貴族であろうが一人の人間に変わりはないんだという「人間臭さ」を感じるんだよね。

なるほど、すごく面白いですね。江戸の文化を発展させたのは上流階級ではなく一般の庶民だったという話は、今の時代に重なるかもしれませんね。ちょっと前までは、大きな会社や資本がたくさんあるところが世の中の潮流を生み出していたのか

もしれませんが、今のように誰もが利用できる多様なプラットフォームがある時代は、たった一人の発信によって世の中に大きなインパクトを与えられますものね。

いや、まったくもって、その通りだね。

ああ！　だからこそ、この「夕顔の死」の円盤問題は、Twitterでバズるツイートを考えさせる解答形式になっていたんですね。円盤って探究のしがいがありますね。

太田さんいわく、このときの対話から、ふとした視点を対談によって転がし続けることで自らの発想がどんどん深まることに、とても感心したのだそうです。彼女は**「一人ひとりの視点を深める行為が、例えば雑談のような他愛のないコミュニケーションと結びついたとき、組織全体に必ず良い変化をもたらすはずだ」**と強く主張します。

実は、この一連のやりとりをきっかけに、弊社が開発している円盤型教材を大きくバージョンアップするまったく新しい着想が生まれました。

第3章

昨対比3・1倍の導入実績となった「Z世代の新発想」による商品開発

ものごとを「自分ごとにする力」が探究学習の本質

実は、円盤型教材は、企業研修だけでなく各種教育機関のアクティブラーニングメソッドとしても活用いただいています。正解を覚えるための教育だけではなく、自ら考え、自ら行動する姿勢や探究心を育むという志を共にする、幼稚園、小学校、中学校、高校、そして民間の塾・予備校など、多岐にわたる教育機関に導入いただいています。

特に教育の分野では、既に、何年も前からアクティブラーニングの重要性が指摘されるようになっています。これまでのような、先生が生徒に「教える」授業スタイルだけでなく、子どもたち自身が「主体的に学ぶ」ための環境作りやメソッドについて、学校教育や塾・予備校の関係者が、さまざまな取り組みを行っていることを、耳にしたことがあるのではないでしょうか。

それに加えて、文部科学省による学習指導要領の改訂により、２０２０年度から２０２２年度にかけて、高等学校における「総合的な**学習**の時間」が「総合的な**探究**の時間」に移行します。次に、その具体的な目的が示されている実際の学習指導要領の抜粋をご紹介します。

各教科・科目等の特質に応じた「見方・考え方」を総合的・統合的に働かせることに加えて、自己の在り方生き方に照らし、自己のキャリア形成の方向性と関連付けながら「見方・考え方」を組み合わせて統合させ、働かせながら、自ら問いを見いだし探究する力を育成するようにした。（高等学校学習指導要領〈平成30年告示〉解説より抜粋）

部分的な抜き出しなのでわかりにくいかとは思いますが、要は、得た知識を自分なりの「視点」で捉えた上で、自らの「生き方や将来」に重ね、「探究し続ける力」を育みましょうということです。もっとシンプルに言えば、起きている事象を「自分ごと」として捉える力を育成するということになります。こうした学びの真意は、これから激しく変化する社会環境の中でも、柔軟に適応し一人ひとりの人財が幸せに生きるための力を養うことにあることは、説明するまでもないと思います。

ちなみに「総合的な探究の時間」は高校からいきなり始まるものではなく、あくまでも小・中学校での「総合的な学習の時間」をベースにする点も大きなポイントです。つまり、生涯にわたる「学びの土台づくり」の期間であると言っても過言ではない、小・中学校、高等学校で得られる能力が、実社会で必要となる能力と矛盾しないための接続点として設計されたものなのです。

教育も経済活動もSDGsが決め手となる時代

このような教育に非常に親和性の高いテーマとしていち早く注目されたのが、「SDGs（Sustainable Development Goals）」です。

これは、持続可能でより良い社会を実現するために2015年9月に国連サミットで採択された、2030年までに達成すべき国際目標です。「誰一人取り残さない」をスローガンに、貧困・飢餓、平和・平等、経済成長、教育福祉、気候変動など、途上国だけでなく先進国も含め、国際社会が立場を超えて一丸となって達成すべき17のゴールと169のターゲットが示されています。

どれも、簡単には達成できないレベルのゴールが設定されており、従来の延長線上にはない新たな発想や、分野を超えた多元的な協業が求められます。また、ＳＤＧｓが示すゴールを達成させるためには、物事を地球規模で捉え、なおかつ100年先までを見通す広い視野を有する人財の育成が欠かせません。

つまり、世界全体が推し進めようとしている方向性と、「総合的な探究の時間」で目指すべきテーマとは、かなり一致しています。

さらに、これからの企業活動においても、ＳＤＧｓの達成プロセスにおいて矛盾のある事業はことごとくふるい落とされるでしょう。

なぜなら、日本国内でＳＤＧｓが注目される以前から、既にその先駆けとして、世界の機関投資家による「ＥＳＧ投資」の流れがあったからです。ＥＳＧ投資とは、Environment（環境）、Social（社会）、Governance（企業統治）の頭文字を表していますが、投資家たちが企業に投資を行う際に、財務諸表だけで判断するのではなく、環境や社会に対する企業責任を果たしているかを重視するという投資判断のことです。これは、2006年に国連が金融業界に向けて責任投資原則を提唱したことにより、一気に広がりました。

ESG投資と類似の概念として挙げられるものに、CSR（企業の社会的責任）がありますが、これは、「企業側の視点」で利益の一部を社会還元していくシステムであると言えます。

一方で、ESG投資は、「投資家側の視点」として、企業が利益を生み出す本業そのものが環境や社会のための事業になっているかどうかで、投資対象として相応しいか否かを評価基準とするものです。つまり、決算書の数値だけでは見えない事業の質や中身が問題になるわけです。

そんな事情もあってか、現在、自社の製品やサービスがいかに持続可能な経済成長や環境問題の解決に貢献しているかについて、学校現場や教育機関に直接に入り込み、事業の価値をアピールする企業が増えています。

SDGsを扱う探究学習の「テンプレート型」が、考えない生徒を量産する

このように、社会全体の流れや企業活動の変化に照らした際、「総合的な探究の時間」が掲げる「自ら考え行動し、他者と協働する力を育む」というテーマと、SDGsに取り組むためのマインドセットが重なることから、現在、SDGsを扱った探究学習用の教材を開発する教育関連業者が続々と現れています。

ところが、残念なことに、大抵の業者は、「探究学習」が見据える大きなグランドデザインをすっ飛ばし、まるで時間割を埋めるためだけの「テンプレート型」の学びに留まっているように感じます。

どういうことかと言えば、探究学習に関する教材や参考書の多くは、必ずと言っていいほど「フレームワーク」や「テンプレート」が用意されてしまっているのです。

私は、本当にＳＤＧｓの達成を目指すなら、さらに、心の底から「探究心」を持つ子どもを育てたいのなら、絶対にこのような安易な方法にならないのではないか？と不思議に思います。辛辣に聞こえるかもしれませんが、どうしても薄っぺらい手法に感じてしまうのです。

何故ならば、自ら考え、自ら動く、「自分ごと」として物事を捉える人財になれば、誰かによって外側から設定されるフレームワークは必要ありません。逆も然りで、フレームワークやテンプレートがないと思考できない人間に、探究心が芽生えるはずもありません。

ＳＤＧｓを重んじる探究学習は大いに賛成ですが、その教育を支えるカリキュラムやプログラムの設計については、生徒の可能性を引き出すという点において、まだまだ未熟だと思わざるを得ないのです。

円盤型教材が「SDGsカリキュラム」である真の理由

自賛的に聞こえるかもしれませんが、円盤型教材は、そのようなテンプレート学習とはまったく違う発想で開発されています。よくある探究学習の教材やメソッドと決定的に異なる点を挙げると、おおよそ次の3つに集約されると思います。

・学次や年齢に関係なく、幼児から社会人まで多世代に通用する学びのメソッドであること

・思考するための枠組みを設定せず、正解のない問いに向き合うことで表出するその人らしい発想や個性を重視し、それらが、結果として実社会への関心に自然とつながること

・円盤型教材を運営するファシリテーターは、正解を示したり解説を与えたりする必要はなく、学習者同士の連携が生まれやすい「場作り」に徹すること

まさにこのようなカリキュラムのポリシーに共感、賛同いただいている教育機関の先生方や経営者によって、総合学習や探究学習の場を、より効果的なものするために、円盤型教材が導入されています。

申し遅れましたが、円盤型教材の正式なプログラム名称は、「SDGｓカリキュラム」と言います。SDGｓは、世界で取り組むべき大きな課題であるが故に、自分の日常とはかけ離れた問題としてどうしても認識されがちです。ですが、円盤型教材を通して「自己の視点」を出発点にしながら実社会を捉える感覚が鍛えられると、日常の風景や出来事の中に、自分にしか見出せない「独自のSDGｓ視点」があることに気づくようになります。つまり、円盤型教材が「SDGｓカリキュラム」である所以は、一般論的な常識ではなく、個の視点が生み出す新発想が、SDGｓの課題解決には不可欠であるというカリキュラムポリシーによるものなのです。

本カリキュラムにおける一貫した人財育成観が実を結び、現在、SDGsを策定し、牽引するジェフリー・サックス博士、コロンビア大学のCenter for Sustainable Development（CSDC）、Millennium Promise（MP）から、日本で唯一、SDGsを推進する人財を育成するための正式なプログラムとして認定を受けています。

さらに、2019年6月から、「SDGsカリキュラム」を受講、修了した人財や組織に対して、SDGsポイントが発行され、年間発行量に応じた寄附がCSDCおよびMPに送られ、SDGs達成のための取り組みに活用される「SDGsポイントプロジェクト」もスタートしました。これは、SDGsカリキュラムによって学び、人財として成長すればするほど、SDGs達成への貢献がもたらされるという、他に類を見ない社会貢献モデルとして、多方面から注目されています。

盟友ジェフリー・サックス博士と立ち上げた「SDGsポイントプロジェクト」

実は、「ＳＤＧｓポイントプロジェクト」は、厳密に言えば、２０１０年からスタートしています。当時、国連では、ＳＤＧｓの前身であるＭＤＧｓ（Millennium Development Goals）が提唱されており、極度の貧困と飢餓を撲滅するための活動などを推進していました。その最大の牽引役であったジェフリー・サックス博士を私に引き合わせてくれたのが、竹中平蔵氏だったのです。

実は、２００７年に、小泉政権下における総務大臣の任期を全うした直後の竹中氏と私は、「スーパーエコノミクスプログラム」という現役高校生を対象とした特別プログラムを共同開催していました。そのご縁から、竹中氏が、私のことを「日本で面白い教育事業を展開している経営者がいる」と、サックス氏に紹介してくれたのです。

本当に必要な人財育成のあり方について、互いに本音で語り合った私とサックス氏はすっかり意気投合し、２０１０年の国連パートナーズ会議で、弊社の人財開発プログラムの受講をポイント化し寄附として送り、ＭＤＧｓの達成のために活用するという教育ドネーションモデルの合意を果たすまでに至りました。これが、今の「ＳＤＧｓポイントプロジェクト」の原型となったのです。

当時、アフリカの、特にサハラ以南地域で貧困の原因となっていたのが、マラリアの感染です。先進国ではほぼ撲滅されているマラリアですが、アフリカでは財政難のために十分な対策がとれず、世界のマラリア患者の90％近くがこの地域に集中していました。そして、マラリアに罹患することで教育や就業の機会が失われ、貧困から抜け出せないという悪循環に苦しんでいる状況があり、この解決が、ＭＤＧｓを推進していたサックス氏の喫緊の課題でもありました。

一方、マラリアの感染は、蚊に刺されることで広がりますが、これを防ぐために、ちょうど日本の大手化学メーカー「住友化学」が、蚊からの感染を防ぐための特別な薬剤が塗られた蚊帳《かや》（オリセット®ネット）を開発していました。実は、私とサックス氏とでスタートしたドネーションモデルは、感染の被害で苦しんでいたアフリカ地域に、オリセット®ネットを届けることに大きく寄与したのです。２０１０年からＭＤＧｓの達成期限である2015年にかけて、トータル6600張の蚊帳を送ることができ、約5万人がマラリアの感染から守られました。この成果は、国連のホームページにも掲載され、国連内でも話題になりました。

何よりも、「自分の学びが、社会をより良くすることにつながる」という、教育が目指すべき真理をサックス氏と共有でき、その志が教育活動における社会貢献モデルの実現につながったということが、非常に意義深いことだったと思います。

こうした一連の背景には、「真の人財育成を推進する」というサックス氏との約束があり、それが、円盤型教材による今の「SDGsカリキュラム」に進化したのですが、円盤の問題は、一見するとSDGsとはまったく関係がないように感じます。

どうやらこれが、教育関係者や研修担当者の混乱を生むようです。

正解ありきの教育観が露呈した実社会との深刻なズレ

前の章でも多少触れましたが、「ＳＤＧｓカリキュラム」についてご説明すると、「このような正解のない問いは、大人が見ても難しいと思うのだから、小学生や中高生は絶対に解けないのでは？　特に我が校は、偏差値がそれほど高い学校ではないので……」とか、「新人社員はもちろん、管理職社員であっても、ＳＤＧｓが何かがわかっていないから、まずはその知識を整理するところから研修を始めたい」などという反応をいただくことが少なからずあります。

こうしたリアクションをいただくたびに、知識偏重の偏差値主義的な教育がもたらす思い込みの根深さを痛感します。

世界全体が協力しない限りは解決が難しいとされるＳＤＧｓは、まさに誰も正解を持たない課題です。ましてや、実社会に出れば、仕事においても家庭においても、そこに発生したさまざまな現象に対応するフォーマットを示してくれる人はいません。また、**知識の理解を得てからでないと表現、行動できないという姿勢は、これから多様な価値観が交錯するグローバル社会では、まったく通用しないでしょう。**それがどれだけ未熟だとしても自分なりの価値観を表に出し、そのことから周囲の人たちとの協働をスタートさせるという姿勢が身につかなければ、いつまでたっても自分の殻に閉じこもってしまうばかりで、本当の意味で活躍する人財として実社会の入り口に立つことはできないのではないでしょうか？

円盤は「思考するための筋力トレーニング」

このような、世間一般の教育観と、弊社が考える本当に必要な人財育成観とのギャップについて、実は、私とまったく同じ課題意識を強く持っていたのが、まさに、Z世代の太田さんだったのです。

そして、私と太田さんの相互の課題意識をぶつけ合い、重ね合ったときに、それまでの発想からは出てこなかった、まったく新しい「SDGsカリキュラム」の進化が実現しました。

その際の実際の対話を、次にご紹介したいと思います。

あの、秀希さん、今お時間よろしいでしょうか？　最近、円盤についてふつふつと思っていることについて、お話を聞いていただけないかと思いまして……。

大丈夫だよ。円盤がどうかしたの？

最近、「SDGsカリキュラム」に関心を持つ企業や教育機関が増えて、かなりのお問い合わせがあるじゃないですか。

そうだね。……あれ、考えていることをノートにまとめてきてくれたんだ。

あ、そうなんです。頭の中だけでは考えを整理しづらかったので、思っていることやアイデアを書き出してきました。

熱心だね。そうそう、話がそれたけど、円盤に関するお問い合わせについてだっけ。

はい。企業や教育機関の担当者の方とお話をすると、必ずと言っていいほどこの正解のない円盤型教材に対して、「一体、何がゴールになるのか？　成果物は何なのか？」という質問を受けるんです。

たしかに、研修やカリキュラムを実施した後には、「できるようになった」とか「わかるようになった」みたいな、認識しやすい達成の実感が必要なんだろうね。

きっと、そうなんでしょうね。でも、正解のない問いに向き合ってこその研修なの

に、「このプログラムで学ぶべきものは〇〇です」と設定してしまう考え自体が、まさに正解ありきの発想のようで、やや矛盾を感じてしまうのですが……。

正直、私もそこに違和感を覚えることがあるんだ。「SDGsカリキュラム」は、「問題」という形をとってはいるけれど、そこに模範解答はない。何故なら、答えがあるとなれば人は思考停止になってしまうからね。

その感覚、すごくわかります。「これが答え」となれば、もう、それ以上のことを考えることはしなくなりますよね。

その通り。円盤の問題は正解がないからこそ、やろうと思えばいつまででも自分の思考を働かせることができるんだよ。徹底的に考えて、考えて、考え抜くことができる「思考するための筋力」が鍛えられるんだ。

そう考えると、研修受講者の達成感を重視するばかりに、「研修内容をわかりやす

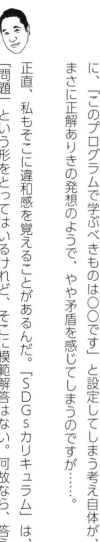

くしたい」とおっしゃる研修担当者の方の主張は、ともすると「考えることを放棄させたい」ってことになってしまいますよね……。それ、ちょっとマズイんじゃないでしょうか⁉

そうだね。「SDGsカリキュラム」の最大の真価について、企業や教育機関の担当者の方に理解いただくことが、実は一番難しいことで、私も日々頭を悩ませているよ。

やっぱり、「正解ありき」の日本の教育の価値観を変えていかないとですね。

自分の頭で考えることが「非日常」になっている現代

ありがとう。太田さんからそういうメッセージを聞くと、大いに励まされるよ。

ただ、皆さん「これからは正解のない時代だから、自分で考える力を身につけなければ」とはおっしゃいますよね。それから、「SDGsカリキュラム」参加者の受講後のアンケートを見ると、「正解のない問題について考えることの重要性」や「円盤の問題に自分なりに解答する楽しさ」などの感想がほぼ90％以上です。

そうなんだよね。一旦「SDGsカリキュラム」を経験してしまえば、よほどの場合でない限り、ほぼ全員が、その特別な思考体験を実感してくれるね。脳のいつも使っているところとは違う部分が働くようなとても不思議な感覚だったと言った人もいたな。

ただ、そのプロセスを日常で再現したり実践したりすることが、なかなか難しいのだと思います。というより、実は、意外と、日常の思考で答えのないものに対して考えを巡らせるような機会そのものがないのではないでしょうか？

ほう。そういうふうに考えたことはなかったな。でも、例えば、実社会に出れば、正解のない問題ばかりの日常なんじゃないかな？

それが、そうでもないのでは、と思うんです。今はインターネットで必要な情報をなんでも取り出せるので、自分で思考しなくても何となくわかったつもりになりやすい環境なのではないでしょうか？

なるほどね……。確かに、私の知り合いで大手の名門百貨店の人事担当役員がいるけれど、以前、彼からその社員のための手引き書を見せてもらったことがあるんだ。数十センチはあるようなものすごく分厚い冊子で、「これをしっかり理解すれば、うちの百貨店の販売戦略から広報戦略まで、すべてを網羅することができる秘伝の書なんだ」と言っていたな。会社が蓄積してきたノウハウがすべて体系化されていて、当時はそれはそれですごいなと思ったことを覚えているよ。ただ、そうしたガイドラインがあると、それ自体を「正解」や「模範」だと認識してしまって、いくら実社会にいても、自分の頭で思考する行為には結びつかなくなってしまうね。

その通りです。ですから、「自分の頭で思考する」という思考体験が、もはや「非日常体験」なんだと思うんです。だからこそ、この「非日常」を「日常」に転換するための施策が、絶対に必要だと思います。

「非日常」を「日常」に……？

そうです。つまり、「非日常」を「日常」に落とし込むための学びを「ＳＤＧｓカリキュラム」に付加してみてはどうでしょうか？

私は、太田さんとの対話から、まるでコペルニクス的転回のような物事の見方が１８０度変わってしまう感覚になりました。

これまで、突発的なことや答えのない状況、新しい価値を生み出す場面を「社会の縮図」として設定し、だからこそ円盤型教材が機能すると思っていましたが、太田さんいわく、実際はその逆だというのです。

しかし、言われてみればたしかにその通りなのです。これまでの実社会では、「わかりやすさ」や「使いやすさ」が価値の主流であり、そのために商品やサービスの開発があったわけですから、企業にしても、教育機関にしても、使い勝手が悪く理解しにくいものは、当然のことながら淘汰されてきたはずです。

つまり、極端なことを言えば、現代の私たちは、いろいろなことに対して「便利で扱いやすい」機能やノウハウが充実している、大変ありがたい日常を生きており、であるが故に、余程のことがない限り「地頭を使って考える」という機会を失ってしまったのです。

ですから、円盤型教材による「SDGsカリキュラム」での思考体験は、まさに「非日常体験」となります。ということは、研修担当や教育関係の方が求める「成果」とは、それを「日常化」することそのものだと捉えるべきだという太田さんの主張はもっともです。

「最も個人的なことが最もクリエイティブなこと」から生まれる価値

ここから、Z世代の感性によって「SDGsカリキュラム」による学びがアップグレードされていった過程についてご紹介します。

先ほど、秀希さんから「思考の筋力」という話を伺ったとき、「美術館的な生き方」の円盤の問題を思い出しました。

■次の問いに答えよ。（制限時間　5分間）

近代における美術館の起源とされる「ルーブル美術館」の設立（1793）を境に「美術館の定義」が変化しています。現在「美術館」は、「世界中の美術作品を陳列・展示し集客する場」と定義されることが一般的ですが、ルーブル以前の時代では、第三者に門戸を開放するという考え方は薄く、むしろ「個人の宝物庫」としての意味合いが強かったのです。

上記のことを経営学的な観点で捉えれば、美術館は「新しいビジネスモデルの発明」と考えることもできます。ある美術評論家は「美術館というパブリックな場によって、個人の書斎や教会に飾られていたアート作品の価値が格段に増大しました。美術館が、アートを資産として運用する道筋をつくったとも言えるでしょう」とコメントしています。

大学で「哲学」を専攻しているあなたは、上記の美術館の考察からヒントを得て、新しい「生活哲学」のメソッドを見出しました。その方法論は「美術館的な生き方」を信条とし、日常生活に新たな息吹をもたらすものでした。あなたが考えた「美術館的な生き方」とはどのようなものでしょうか。１２０字以内で説明しなさい。

「美術館」という事業モデルの発祥が、「個人の宝物庫」を第三者に見せられるようにしたという点が、意外な事実だよね。

私、この問題を見たとき、「個人の宝物庫」って、その人それぞれの好みや感性に

Noteworthy Inventions

SDGsカリキュラム

新しい人財開発プログラム　Center for Sustainable Development 認定プログラム
EARTH INSTITUTE | COLUMBIA UNIVERSITY

■ 次の問いに答えよ。〔制限時間 5分間〕

photo.ua / Shutterstock.com

近代における美術館の起源とされる「ルーブル美術館」の設立（1793）を境に「美術館の定義」が変化しています。現在「美術館」は、「世界中の美術作品を陳列・展示し集客する場」と定義されることが一般的ですが、ルーブル以前の時代では、第三者に門戸を開放するという考え方は薄く、むしろ「個人の宝物庫」としての意味合いが強かったのです。上記のことを経営学的な観点で捉えれば、美術館は「新しいビジネスモデルの発明」と考えることもできます。ある美術評論家は**「美術館というパブリックな場によって、個人の書斎や教会に飾られていたアート作品の価値が格段に増大しました。美術館が、アートを資産として運用する道筋をつくったとも言えるでしょう」**とコメントしています。

大学で「哲学」を専攻しているあなたは、上記の美術館の考察からヒントを得て、新しい「生活哲学」のメソッドを見出しました。その方法論は「美術館的な生き方」を信条とし、日常生活に新たな息吹をもたらすものでした。あなたが考えた「美術館的な生き方」とはどのようなものでしょうか。120字以内で説明しなさい。

Name :　　　Group :　　　Date :　　　特許取得 特許第6535771号

Japanese Council for Education Reform
教育改革推進協議会 監修

日本アクティブラーニング協会メソッド
Japan Active Learning Association

よるものだから、千差万別いろいろあるよなと思ったんです。その瞬間、以前お世話になった恩師から「電車の中で、一回スマホとイヤホンを手放して周りを見てごらん。普段は気がつかなかったことに気がつくはずだよ。」と言われたことを思い出しました。

それ、わかるよ。何気なく目に入ることや偶然耳にしたことに、注意深く意識を働かせることができれば、驚くほどの気づきがあるよね。

そうなんです。実際やってみたら、たしかに「あそこにあんな広告あったんだ」とか「この発想、何かに使えるかも」、などいろいろなことが見えてきました。すぐに的確な情報を提供してくれる便利なテクノロジーから離れたときに、たしかに、自分の思考力に血が巡った感じがしました。自らの「思考の筋力」を意識できたんです。

今の太田さんの話を聞いて、有名な映画監督、マーティン・スコセッシの「最も個人的なことが、最もクリエイティブなことである。」という言葉を思い出したよ。

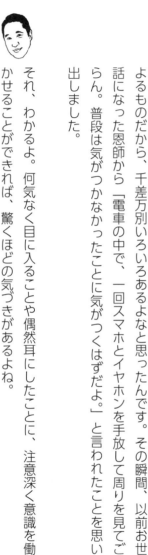

その言葉、とっても素敵ですね。まさに、自分の個人的な宝物を集めて残しておくことが、新しい価値を生み出す「美術館的な生き方」そのものですね。そう考えると、円盤の問題に向き合って、自分なりに考えたり、解答したりしたものは、まさに「個人的な宝物」なのではないでしょうか?

たしかに、自分の中のふとした意識や眠っていた記憶みたいなものを目覚めさせるための触媒になるのが、円盤型教材の醍醐味だよな。明らかに、その人ならではの個性が炙り出されるからね。

自己教育力を養う「円盤思考ノート」の誕生

そうですよね。円盤の解答は100人いれば100通り。解いた人の数だけ個性が

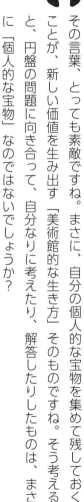

表れます。現に今、私がこの会社で仕事をできているのも、私の解答を見た秀希さんに「何故こうした解答になったんだろう?」と、興味を持っていただけたことから、スタートしていますものね。

なるほど。円盤型教材を「解いて終わり」にするのではなく、「解き終わってからがスタート」にできれば、特別な思考体験を日常化することにつながりそうだな。

「思考」の定義についてはいろいろな見解があるとは思うのですが、円盤の問題に向き合ったときの思考を私なりに言語化すると、「自分の心に耳を傾けて興味や関心を引き出すこと」と、それに対して「自分なりの問いを立てること」なんですよね。それが解答を作成するときの基本姿勢になっています。

それこそが円盤を通じて身につけてほしい「自己教育力」だな。世の中の便利さと引き換えに失ってしまった思考力を、「自分自身で鍛える」行為は、これからの時代ますます重要になるだろうね。太田さん流に言えば「円盤思考」とも言えるのか

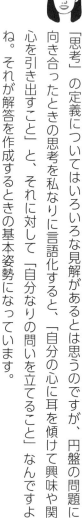

な？

「円盤思考」ですか！　そのキーワードとってもいいですね。今思いついたんですけど、例えば「円盤思考ノート」なるものを作って、それを副教材として「SDGsカリキュラム」に必携してみてはいかがでしょう？

なるほど、面白そうだな。

このようにして、「SDGsカリキュラム」に標準装備するための「円盤思考ノート」の発想が生まれました。

このノートは、円盤型教材を解き終わってからが始まり。自己教育力を発揮し、自らの価値観や過去の経験を掘り起こし、自分の興味・関心につなげることを目的としています。中高生を対象にしたノートの事例が124～125ページに載っていますが、太田さんが「円盤思考ノート」に託したコンセプトは、非常にシンプルなものでした。

それは、次の3点です。

・全文筆写する
・調べる
・気づきを残す

これが、まさにZ世代的な感性です。

どういうことかと言えば、今の時代は、いつでもどこでもリアルな状況を写真や映像に残すことができます。セミナーや講演会などでも、講演者がスクリーンに映した資料をスマホで撮影するシーンは、もはや日常です。もちろん手軽さもあるのでしょうが、「あるがままの情報をそのまま保存する」という行為は、「アレンジなしでそのまま書き写す」という全文筆写と同質のものを感じます。

また、得た情報について興味が湧いたものなどは手元の端末ですぐに検索し、より詳しい情報にその場でアクセスしたり、そこでの気づきや感じたことを即Twitterや Instagramにアップしたりという Z世代的な行動様式は、円盤思考ノートの「調べる」と「気づきを残す」にそのままシンクロします。

この一連の行動が、テンプレート主義や正解ありきの学びではなく、「自己教育力」を高め「思考の筋力」を鍛えるプロセスであるならば、そもそもZ世代には、本質的な「探究学習」に向き合うための高い素地があるということの証明でしょう。

とすると、このような人財が持つ習性によりマッチした学びを提供することができれば、組織にとって大きな活力源になるのではないでしょうか。

また、「円盤思考ノート」という、あくまでも手書きによる学びの効果を推奨したのも、意外に思われるかもしれませんが、太田さんの方からでした。彼女は、「アナログ」と「デジタル」それぞれの利点を非常によく理解しており、また日常的に自然に活用しています。これもまた、Z世代の一つの特性であると感じます。

一緒に学んだ**グループメンバーの名前**を残しておくと、その時の状況が、鮮やかによみがえります！

円盤型教材の問題文は、**目のつけどころ・ものの考え方**の宝庫。個人的に**興味関心を持ったキーワード**をとことん掘り下げてみよう。その際、インターネット・書籍・論文などをどこまで探究の材料にできるかが鍵！

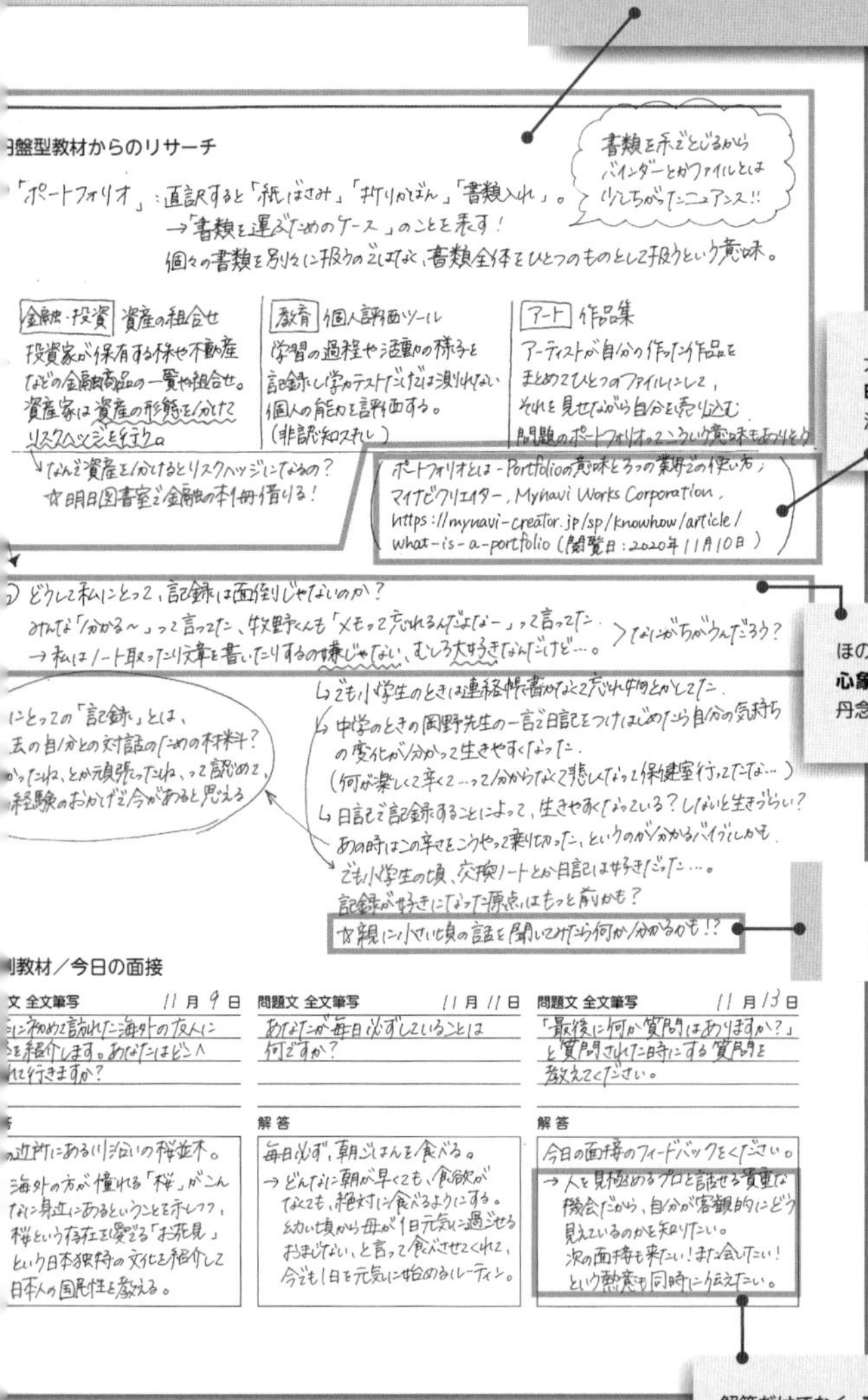

円盤型教材からのリサーチ
「ポートフォリオ」：直訳すると「紙ばさみ」「折りかばん」「書類入れ」。
→「書類を運ぶためのケース」のことを表す！
個々の書類を別々に扱うのではなく、書類全体をひとつのものとして扱うという意味。
書類を糸でとじるから バインダーとかファイルとは 少しちがったニュアンス!!
金融・投資 資産の組合せ
投資家が保有する株や不動産などの金融商品の一覧や組合せ。資産家は資産の形態を分けてリスクヘッジを行う。
教育 個人評価ツール
学習の過程や活動の様子を記録し学力テストだけでは測れない個人の能力を評価する。（非認知スキル）
アート 作品集
アーティストが自分の作った作品をまとめてひとつのファイルにして、それを見せながら自分を売り込む
問題のポートフォリオってこういう意味もありそう
↳なんで資産を分けるとリスクヘッジになるの？
☆明日図書室で金融の本1冊借りる！
ポートフォリオとは－Portfolioの意味と3つの業界での使い方，マイナビクリエイター，Mynavi Works Corporation，https://mynavi-creator.jp/sp/knowhow/article/what-is-a-portfolio（閲覧日：2020年11月10日）
どうして私にとって，記録は面倒じゃないのか？
みんな「分かる～」って言ってた、牧野くんも「メモって忘れるんだよなー」って言ってた。
→私はノート取ったり文章を書いたりするの嫌じゃない、むしろ大好きなんだけど…。
＞なにがちがうんだろう？

↳でも小学生のときは連絡帳書かなくて忘れ物とかしてた。

↳中学のときの岡野先生の一言で日記をつけはじめたら自分の気持ちの変化が分かって生きやすくなった。

（何が楽しくて辛くて…って分からなくて悲しくなって保健室行ってたな…）

↳日記で記録することによって，生きやすくなっている？しないと生きづらい？

あの時はこの辛さをこうやって乗り切った，というのが分かるバイブルかも。

でも小学生の頃、交換ノートとか日記は好きだった…。

記録が好きになった原点はもっと前かも？
☆親に小さい頃の話を聞いてみたら何か分かるかも!?
にとっての「記録」とは、
去の自分との対話のための材料？
かったね、とか頑張ったね、って認めて，
経験のおかげで今があると思える
教材／今日の面接
文 全文筆写 11月9日
に初めて訪れた海外の友人に
を紹介します。あなたはどこへ
れて行きますか？
の近所にある川沿いの桜並木。
海外の方が憧れる「桜」がこんなに身近にあるということを示しつつ，桜という存在を愛でる「お花見」という日本独特の文化を紹介して日本人の国民性を教える。
問題文 全文筆写 11月11日
あなたが毎日必ずしていることは何ですか？
解答
毎日必ず，朝ごはんを食べる。
→どんなに朝が早くても，食欲がなくても，絶対に食べるようにする。幼い頃から母が1日元気に過ごせるおまじない，と言って食べさせてくれて，今でも1日を元気に始めるルーティン。
問題文 全文筆写 11月13日
「最後に何か質問はありますか？」と質問された時にする質問を教えてください。
解答
今日の面接のフィードバックをください。
→人を見極めるプロと話せる貴重な機会だから，自分が客観的にどう見えているのかを知りたい。
次の面接も来たい！また会いたい！という熱意も同時に伝えたい。

大学・社会では、**情報源（出典）を明確にすること**が最重要！ リサーチ源・閲覧日を必ずメモしておこう！

ほのかに浮かんだ前の疑問を受けて、**心象風景のプロセス（移り変わり）**を丹念に記録しておこう！

思ったことをすぐに次の**具体的なアクション**に移すことがとても大切！

解答だけでなく、**その解答を引き出した意図**も残しておこう。自分の内面を見つめる行為は、**将来の自己分析**にとても役立つはずです。

先輩の円盤思考ノートを見てみよう！

タメになる活用ポイント満載！

問題文に触れた時、**瞬間思い浮かんだ自分の感情**は、まさに宝物。あとからでは二度と再現できません。

24 枚目

新しい大学入試問題
Code：SMP019　Date 2020．11．10
Title：Portfolio Education

今日のグループ
田代さん、牧野くん

■円盤型教材問題文　全文筆写　＜和文＞

高校1年生　先生、なぜこれからは「ポートフォリオ」が必要なんですか？
担任　相手にすぐ答えを求めるのは、君の悪い癖だよ。
高校1年生　少しは自分なりに考えてみたのですが…。
そもそも「活動を記録する」ってとっても面倒くさいんですよ。
担任　君が言うその面倒くささの中に、何かがあるとは思わないのかい？
高校1年生　う〜ん…、何があるんですかねえ？
担任　しょうがないなあ。じゃあ、君にこの言葉を贈るとするか。
私の大切にしている言葉の中に、こういうのがある。
「記録する者は、向上する。」
これだけ大きなヒントを与えたんだから、あとはしっかり自分自身で考えなさい。

上記は、高校1年生と担任との対話です。あなたが、この高校1年生と同じ立場だとして、なぜ「記録する者は、向上する」のか、あなたなりの考えを、120字以内で書きなさい。

最近よく聞くけど ポートフォリオってそもそも何？

そんなに面倒くさい 書くの楽しくない？

いい言葉！勇気づけられた。誰かの名言？

「全文筆写」は、やる気が出ない時でも、まずは**最初の3行だけ**でも書いてみよう！不思議とあとが続くはず。

自分の解答

私たちは、「過去」から学ぶ生き物だから。私たちが歴史を学んで未来を考えることができるのは、記録が残っているおかげである。自分の経験や考えを記録しておくことで過去の自分との対話を行うことが可能になり、さらなる自己理解や進路の発見につながる。

（120字）

制限字数ぴったりにおさめることは、採点者が納得する**解答の美学。**

■円盤型教材問題文　全文筆写　＜英文＞

Student：Excuse me, why is it necessary for me to make a portfolio from now on?
Teacher：Are you asking for the answer before considering why by yourself?
Student：I thought about it for a while…
but it's annoying to keep track of all of my activities.
Teacher：When you say it's annoying, have you thought that there could be something more to it?
Student：Uh, what could there be?
Teacher：Okay, then let me share something I always keep in mind.
"Those who record will improve."
It is a pretty big hint, so think about it by yourself for a bit.

The above dialogue is between a high school freshman and their homeroom teacher.
Assuming you were in the position of the student above, write your thoughts on why "those who record will improve" in no more than 60 words.

keep track of A　Aの記録をつける

pretty かなりの、結構な（可愛いと一緒だから気をつける！）

assume〜　〜と仮定する．

freshman　1年生、新入生

英語面の問題文には、**生きた単語や熟語**が満載。新たに学んだ情報も、しっかりメモしておこう！

自分の解答

Those who record will improve because "the answer" is always within onese… Today, I can reach to any information on the Internet anytime. I have no more reason… take notes and record by myself. However, I would get "no results" when I google "my… Only I can accumulate all of my invaluable experience, and learn from those big data.

（60 wo…

□の部分で、テクノロジーとかAIっぽさを意識した！
英語は比喩表現とか慣用句？言葉遊びをする言語だからそんな感じにできてたらいいな。

英語が持つ語感やニュアンスなどを表現できれば、上級者レベルへの第一歩！

毎日配信のショートコンテンツで究極のインプロ力を磨く

以前、企業研修で使った「iPhone」の円盤がありましたよね？ 研修に参加した方の解答を見たときに、「アナログ」を以前の正しいものとして示し、「デジタル」を将来正しいものになると予測する内容が多かったように思いました。

■次の問いに答えよ。（制限時間 5分間）

下記の文章は、2006年に、日本人として初めてアップル社による iPhone の試作品に触れた、X氏のメッセージです。

「スマートフォン」がこれほどまでに普及する前の日本は、当然のことですが、ガラケーの全盛期でした。日本国内の携帯会社は、とにかく膨大な費用を投じ、こぞって名門コンサルティング会社に、次の開発戦略の計画を出させましたが、どれも似たり寄ったりのアイデアばかり。とは言っても、各携帯会社としては、「これが正しい戦略だ！」と言われたプランを、そのまま実行に移すしかない。つまり、並み居る業者が携帯電話の進化形を日々追い求めて新機能の開発に邁進したわけですが、どれも決して「ガラケーの発想」から抜け出すことができなかったのです。要するに、ミリ単位の戦いをし続けていたのですね。

そんな最中、2007年に突如「iPhone」が登場した。これまでの延長線上ではなく、全くの新発想で生み出された「iPhone」によって、日本の携帯市場はあっけなく塗り替えられてしまいました。

さて、こんなことを考えていると、思わず「正しさとは果たして何なのか？」という問いに向き合わざるを得ません。この問いには、決して正解があるわけではありませんが、ひとつだけ言えることは、スティーブ・ジョブズ（1955-2011）がこだわった規格外とも言えるデザイン性・機能性・マーケティング…これらは全て、市場調査をした結果生まれた産物ではない、ということです。

あなたが現在の業務において、「以前」正しいと感じていたことを60字以内で書き、さらに「将来」正しいものになるだろうと予測することを60字以内で書きなさい。

そうだね。デジタルネイティブなんていう言葉もあるし、２０２１年の9月から内閣にデジタル庁（仮称）も設置されるぐらいだから、その予想はもっともだよね。私の孫を見ていても、タブレットに内蔵されている教科書や問題集で勉強しているようだし、解説授業もスマートフォンで視聴しているよ。

私も、本はほとんど電子書籍を購入しますし、映画をＤＶＤで観る機会もほぼないですね。スマホ1台あれば場所や時間を問わずに作品を楽しめるので、ＤＶＤを用意することさえ少し手間に感じてしまいます。

レンタルビデオ店の棚を眺めて作品を選ぶあの感覚が、もうインターネット上でできるからね。私も長いこと店舗には行ってないなぁ。

Product Development

SDGsカリキュラム

新しい人財開発プログラム Center for Sustainable Development 認定プログラム
EARTH INSTITUTE | COLUMBIA UNIVERSITY

■ 次の問いに答えよ。〔制限時間 5分間〕

下記の文章は、2006年に、日本人として初めてアップル社によるiPhoneの試作品に触れた、X氏のメッセージです。

「スマートフォン」がこれほどまでに普及する前の日本は、当然のことですが、ガラケーの全盛期でした。日本国内の携帯会社は、とにかく膨大な費用を投じ、こぞって名門コンサルティング会社に、次の開発戦略の計画を出させましたが、どれも似たり寄ったりのアイデアばかり。とは言っても、各携帯会社としては、「これが正しい戦略だ！」と言われたプランを、そのまま実行に移すしかない。つまり、並み居る業者が携帯電話の進化形を日々追い求めて新機能の開発に邁進したわけですが、どれも決して「ガラケーの発想」から抜け出すことができなかったのです。要するに、ミリ単位の戦いをし続けていたのですね。

そんな最中、2007年に突如「iPhone」が登場した。これまでの延長線上ではなく、全くの新発想で生み出された「iPhone」によって、日本の携帯市場はあっけなく塗り替えられてしまいました。

さて、こんなことを考えていると、思わず「正しさとは果たして何なのか？」という問いに向き合わざるを得ません。この問いには、決して正解があるわけではありませんが、ひとつだけ言えることは、スティーブ・ジョブズ（1955-2011）がこだわった規格外とも言えるデザイン性・機能性・マーケティング… これらは全て、市場調査をした結果生まれた産物ではない、ということです。

あなたが現在の業務において、「以前」正しいと感じていたことを60字以内で書き、さらに「将来」正しいものになるだろうと予測することを60字以内で書きなさい。

<解答欄は裏面>

Name :　　　Group :　　　Date :

特許取得 特許第6535771号

Japanese Council for Education Reform
教育改革推進協議会 監修

日本アクティブラーニング協会メソッド
Japan Active Learning Association

あの……以前秀希さんからおすすめしていただいた映画も、どの動画配信サービスでも配信されていないのでＤＶＤを手に入れるしかなくて……。それもあってなかなか時間が取れず、まだ観ることができていないんです。

そうだったんだ。おすすめしてから何も言ってなかったから、観てくれていないんだ……って少しショックだったんだよ。それなら今度、ＤＶＤを貸すよ！

貸していただけるんですか、ありがとうございます！

でも、私も買おうと思った本が電子書籍になっていないと、たしかに読むのを一瞬ためらうな……。デジタルになっていないものは、そのコンテンツに触れる機会がかなり損なわれてしまっている可能性があるね。

逆に言えば、デジタルになっていれば、それだけ学びの接触頻度を上げることができますよね。それで思ったんですが、「円盤思考」を発揮するために、例えば、Ｓ

ＮＳで毎日のようにコンテンツを配信してみてはいかがでしょうか？

えっ！　毎日？

そうです。ずっと画面を見なくてはならないような重たいコンテンツではなく、Instagram や Twitter のような、一つひとつは軽いけれど、心に刺さるインパクトのあるＳＮＳ的なコンテンツにするんです。

なるほど、それは面白そうだな。ＳＮＳを開いた瞬間に思考をフル回転させて欲しいよね。そんなインプロ（即興）ワークに最適なコンテンツは何だろう？

そうですね……。インプロの力を発揮する現実の場面を想定した学びが良さそうですよね。

であれば、企業の入社面接や大学の総合型選抜の面接などで実際にあった質問をコ

ンテンツにしようか？　「今日の面接」という感じで。

それ、面白いですね。ＳＮＳによって日々貴重な「問い」に触れることができ、かつ「円盤思考ノート」があれば、デジタルで得た単発の学びを、アナログによって持続的なものにできますよね。

「デジタル」と「アナログ」をハイブリッドで活用するＺ世代

たしかに、私も「自分の手を動かす」という行為は絶対に重要だと思うよ。太田さんも、いつも会議の内容や思いついたアイデアをノートに記録しているよね。今もノートにアイデアをまとめてきてくれたみたいだし。そこはアナログなの？

あ、言われてみればそうですね。アウトプットをするときはいまだに、ノートとペ

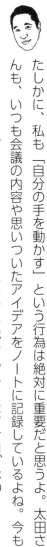

ンを使っています。

最近は若い世代に限らずデジタル化が進んでいるでしょ。速記で作成していた議事録も文書作成ソフトの方が速いし、アイデアはもう紙とペンを用意することなくボイスメモに残せるから、パソコンやスマホを使った方が手間も荷物も削減できるんじゃない？

たしかに、スマホさえあれば何でもできる時代ですもんね。ただ、ノートや手帳を持ち歩くことは学生時代から既に習慣になっていたので、あまりにも当たり前すぎて考えたこともありませんでした。

私もアイデアはノートに書き留めることが多いんだ。文字だけでなく図やイラストも描けるし、新聞の記事を切り貼りすることも簡単だからね。太田さんの世代でもアナログな「手書き」をするのは、何かこだわりがあるのかな……。

今のお話を聞いて思ったのですが、アナログの良さは、「形として残る」ということかもしれません。パソコンやスマホを使った記録は便利ですが、使い切ったノートが何冊もあるのを見ると、「私はこれだけ頑張ったんだ」という努力が目に見えてわかるんです。これは、アナログならではの良さだと思います。

たしかにね！　私も、このノートは今月で6冊目なんだけど、前に使っていた5冊も大切に保管しているよ。自分が過去書いたものをたまに読み返してみると新しい発見もあって、なかなか面白いよね。

秀希さんは以前、「青ペン書きなぐり勉強法」というメソッドを提唱していましたよね。実は私も大学受験のとき、青ペンノートを使っていたんです。

授業の内容や暗記したい単語などを、記憶と相性のいい「青」色のインクでとにかく書きなぐる勉強法だね。20年以上前から伝えてきた勉強法を太田さんも使っていたというのは、なかなか感動するね。

もちろん、青という色の効果もありますが、それと同じくらい、使い終わったノートと青ペンに自信をもらっていました。使い終わったノートとペンをすべて捨てずに取っておくんです。そして、辛いことや苦しいことがあったときには、「これだけのノートと青ペンを使い切って勉強したんだから、大丈夫！」と自分を奮い立たせていました。受験本番は、それが何よりのお守りでしたね。

そう言ってもらえるのは嬉しいね。

今のやりとりから個人的に思うのは、インプットにはデジタルが、アウトプットにはアナログの手法が向いているような気がします。私もそうですが、今の若い世代は、意外と「手書き」をすることにはあまり抵抗を感じないと思うので。

そうなの？　大学での講義の様子なんかを見ていると、みんなパソコンを使っているから、日常の中で手書きをすることは少ないのかな、と思っていたけど。

今の若い世代は手書きをしないと思われがちですが、実はそんなこともないと思います。受験生の間では、間違えやすい知識を付箋に書いてノートに貼る「付箋ノート」というのも流行っているんです。アナログの良さは、意外と若い世代にも伝わっていますよ。

参考書や授業はデジタル化しているけど、アナログのツールも使っているんだね。どちらか一方、ということではなく両方を使いこなしているわけだ。

そうですね。どんどんIT化が進む今の社会を見ると「デジタル」がますます広がっていくような気もしますが、一方でデジタルが広がる今だからこそ、それを超える新たな「正しさ」が必要な気がしています。

このような経緯によって、「円盤思考ノート」と「日本アクティブラーニング協会公式ＬＩＮＥによるショートコンテンツ配信」が開発され、「ＳＤＧｓカリキュラム」の副教材となりました。結果として、2020年度32000枚だった円盤型教材は、2021年度に一気に増えて98870枚の需要となり、わずか1年でその導入が3・1倍に拡大したのです。

この「アナログ」と「デジタル」の双方が持つ価値の融合による効果は、62歳の経営者である私と、23歳の新人社員の太田さんとの対話から生まれた、新たなビジネスの創造を象徴しているかのようです。

実際に、これからの企業や組織の持続可能性は、まさにこの両者のシナジーが大きな鍵になるでしょう。では、その相乗効果を生み出す際に必要となるマインドとは、一体どのようなものなのでしょうか？

この問いに対する一つの答えとなるものが、「非認知スキル」と言われる、そもそも人間に備わっている目には見えない能力です。

「非認知スキル」の育成を柱とする人財研修

実は「円盤思考」を鍛えていくことにより獲得する力が「非認知スキル」です。「非認知スキル」とは、非認知能力とも呼ばれることがありますが、ペーパーテストでは判断できない人財の内面の資質や能力のことです。「社会情動的スキル」とも称され、忍耐力、社交性、自己肯定感など、いろいろな要素が挙げられています。実社会をより幸せに、豊かに生きるためには偏差値やＩＱなどの認知能力以上に この非認知スキルの方が関連するという海外の研究データもあり、特に、２０１５年のＯＥＣＤレポートで取り上げられたことをきっかけに、最近になって教育や研修業界でもその重要性が指摘されるようになってきました。

実は、弊社が40年以上にわたり手がけてきた人財育成事業のビジョンは、まさに「非認知スキル」を見出し、鍛えることにおいて一貫しています。誰でも再現できるようにマニュアル化されたノウハウや、著名な専門家による最新の知見を得るための研修は巷にたくさんあります。ですが弊社は、いわゆるスキルフルな研修は、これまでまったくと言っていいほど手がけてきませんでした。一方で、一人ひとりの人財が固有に持っている目には見えない資質を引き出し、「自分とは何者であるのか?」といった人財の「在り方」に光を当てる研修のみに、ひたすら特化してきました。

そのような試みが、有難いことに、徐々に注目されるようになってきたのです。2017年からは、長年の教育事業や研修事業で得た経験を共有化し、これからの人財育成に広く資するものにするために、日本アクティブラーニング協会での人財研修について、本格的な研究がスタートしました。具体的には、人財の「在り方」を見出す鍵となる「非認知スキル」を浮き彫りにするために、新たな指標を開発する試みです。

国内外の研究者の協力をいただきながら、仕事や他者との関係において重要な資質を「The 25 Soft Skills」として定義することができました(140ページ参照)。説明するまでもありませんが、25のすべての項目は、40年以上もの間、「目には見えない資質」をテーマにした人財育成事業を貫き続け、その実践から導き出された裏打ちがあるものです。

THE 25 SOFT SKILLS

Insightfulness（洞察力）	表面的な視点にとどまらず本質を見抜く力がある
Perspective（多角的な視点）	視点や次元を変えた物事へのとらえ方がある
Curiosity（好奇心）	新しい情報や出来事に対する好奇心がある
Social Intelligence（社会的な知）	社会のルールを基盤とした常識的な考え方ができる
Imagination（想像力）	自分が経験したことがない事象に対する想像力がある
Enthusiasm（熱意）	他者の心を動かす情熱がある
Presence（存在感）	自立した個を感じさせる頼もしさがある
Humor（ユーモア）	ユーモアのセンスがある
Articulation（豊かな表現力）	説得力のある明確な意思表示ができる
Sound Judgement（判断力）	その場で起きたことに対する適切な打ち返しができる
Bravery（勇敢さ）	果断なる精神と勇気に満ちている
Dedication to Learning（向学心）	真摯に学ぶ姿勢がある
Willpower（自制心）	状況に応じて自己抑制できる
Perseverance（根気強さ）	何らかの結果が出るまで行動し続ける力がある
Belief（確信）	誇りと自信を持って物事に対処できる
Teamwork（チームワーク）	チームで物事を解決する力がある
Reflection（修正力）	他者からの指摘を素直に受け止めてすぐに行動を変える
Honesty（正直さ）	実直に物事を表明できる
Gratitude（感謝の心）	起きている事象に対し感謝の気持ちがある
Generosity（包容力）	他者を許容し包み込む力がある
Tolerance（寛容さ）	忍耐をもって他者を受け入れることができる
Progressiveness（推進力）	あるべき姿に向かって一歩前へ踏み出す力がある
Empathy（共感力）	他者の痛みや喜びを感じ取ることができる
Encouragement（他を奮い立たせる力）	自ら他者に働きかけ活性化する
Respect for your Roots（絆）	自分が置かれている環境に対する敬意と感謝がある

非認知スキル診断「PASS25」の最大の特徴とは？

また、これまでなかなか指標化することが難しかった「非認知スキル」を炙り出す際に、大きな根拠となったものが円盤型教材の「解答」のビッグデータ分析でした。プログラム参加者や研修参加者の解答を収集し分析することで、その人らしさ、つまり「非認知スキル」の原型になるものが表出していることがわかったのです。

さらに、膨大な数の解答分析を足掛かりにして、25の非認知スキルを定義するとともに、各スキルがどの程度表れているかを可視化するための「ルーブリック」（評価指標）も開発しました。知識の確認については、ペーパーテストによってマルかバツかで判断しスコア化することができます。しかし、その知識や技能の発揮を支える「学びに対する姿勢」や「思考力」「表現力」に関しては、ペーパーテストで測ることはできません。そうした人財のパフォーマンスにおける達成度合いを評価するのに有効とされているものが、ルーブリックです。こうしたルーブリック評価を応用することで、

「The 25 Soft Skills」の各項目における非認知スキルの表出度合いを、ほぼ正確に可視化することに成功したのです。

その結果、一人ひとりの現段階の非認知スキルを診断できるシステムとして「PASS25（Proficiency Assessment of 25 Soft Skills）」が誕生しました。本診断でも、円盤型教材と同じ形式の問題に解答することで受検者の非認知スキルがデータ化されます。ただし、診断用に特別に開発された、非認知スキルが特に表出しやすい円盤の問題となっています。

この診断システムについても、現在、企業や教育機関に提供していますが、「PASS25」の最大の特徴は、「なりすまし」ができないということです。多くの性格診断や適性診断などは、受検者による自己申告によるアウトプットに依存しています。つまり、あるシチュエーションが与えられ、それにどの程度当てはまるか、選択肢から選ぶ形式です。これでは「自分をこんな人物として見せたい」という作為が働きやすく、実際に就職活動中の学生を対象に、そのための対策本まであります。

ところが、想定外の問いに対して限られた時間での即興かつ記述解答によるアウトプットでは、受検者の意図や恣意の働く余地がありません。その結果「なりすまし」をすることは不可能であり、一方で、自分でも気がつかないポテンシャルを受検者自身が認識する機会にすることができます。

ちなみに、多くの学生から社会人までを対象に「PASS25」を実施し非認知スキルを測った結果、いわゆるハイパフォーマーと呼ばれる人財や総合型選抜などの合格者は、押し並《な》べてこの非認知スキルが高いという結果がデータにより示されています。

現在は、東京大学との共同研究も進めながら、今までデータ化・共有化することが難しいとされてきた「非認知スキル」について、それらが発揮される様子や育成のプロセスを明らかにし、より有効となる教育への応用を模索しています。また、AIを活用しながら、こうした目に見えない資質の本質について、より多方面からの解析も行っています。

いずれにしても、これまでの試みや研究によって確実に言えることは、「非認知スキルは後天的に鍛えることができる」ということです。そのためのトレーニングとして焦点を当てるべきものが「思考の筋力」であり、それが、探究力や自己教育力を支えるものになるわけです。

太田さんとの対話から、「円盤思考ノート」や「公式ＬＩＮＥによるショートコンテンツ配信」のアイデアが生まれ、結果としてそれが大きな訴求力を持つものに進化したことを振り返ると、まさにＺ世代こそ、「非認知スキル＝円盤思考」と非常に相性の良い世代なのではないでしょうか。

Ｚ世代の見えない資質を引き出すための「Who are you?」５つのアプローチ

ある大手広告代理店によって明らかになった興味深い統計があります。それは、15歳から34歳までの男女約２０００名を対象に実施した「スマートフォン・ＳＮＳ内の保存データ調査」によるものです。この調査では、2020年9月時点での15～24歳の男女をZ世代、25～34歳をミレニアル世代と定義しているのですが、彼ら彼女らのスマートフォンやSNSアカウント内に保存された写真の枚数や内容などを比較することで、Z世代の特徴を探り出しています。

私が着眼したのは、Instagramのプロフィールに使用している写真についての両世代のデータ比較です。Z世代では、「後ろ姿など顔が特定されない自分」をプロフィール写真に据えている割合（21・7％）が最も多く、「顔を出している自分」（20・2％）を上回っていました。一方、ミレニアル世代のプロフィール写真は「顔を出している自分」を使っている割合（24・1％）が最も多いのです。

Z世代が「自分の後ろ姿」を載せている理由として、「盛っている・きめている自分を見せるのは恥ずかしい」ということや「後ろ姿の方が雰囲気や世界観を作りやすい」といった意識があるそうですが、その本質は一体どこにあるのでしょうか？

私は、Z世代によるこのような自らの表し方は、これからの人財指標として「非認知スキル」が注目されはじめている現在の潮流と決して無関係ではないように感じます。

多くのZ世代が、自分を示すためのアイコンとして後ろ姿を選ぶ真の理由は、表面上の自分や作り込まれた人物像ではなく、潜在的なもの、つまり自らの非認知領域を重要視していることの表れなのではないか？　そんなふうに思えるのです。

実際、私が太田さんと対話をする際にも、私が最も関心を持ち、意識を払っていたのが、まさに彼女の中にある非認知の領域です。

私の世代とはまったく異なる太田さんというZ世代との対話では、当然ですが、興味・関心や嗜好性などについて共有したり意気投合したりすることはほぼ望めません。ですが、彼女の中にある隠れたものを引き出したとき、互いのギャップが良い意味でそれぞれの気づきとなり、これからの企業や社会にとって必要となる新しい価値が生まれていくのです。

次に、私が太田さんと対話をする際、彼女の奥に隠れているポテンシャルを見つけるために意識している「Who are you? 5つのアプローチ」をご紹介します。

Who are you? 5つのアプローチ

1. Originality そこに、あなたの独自性はあるか?
2. Social Contribution そこに、人や社会を良くする要素はあるか?
3. Metacognition それを発表したら、あなたに人は共感するか?
4. Harmony それを聞いて、人はあなたと研究・仕事をしたいと思うか?
5. Playful Mind そこに、遊び心はあるか?

企業の業績を左右する「メンター制」のあり方

実はこの「Who are you? 5つのアプローチ」は、日本アクティブラーニング協会による研修プログラムの中で提供している「メンタリング」のメソッドです。

最近「メンター制」を導入している企業が増えていることから、「メンタリング」というキーワードを耳にしたことがある方もいらっしゃるかと思います。通常、メンター制は、先輩社員が新人社員や若手社員をサポートする制度として理解されているようです。先輩社員は「メンター」、後輩社員は「メンティー」と呼ばれ、単なる指示や命令に依らず、メンターからメンティーによる対話と助言によって自立的な成長を促す育成法です。この制度は、メンティーである後輩の支援となるだけではありません。実は、メンターである先輩社員が自身のキャリアを振り返ることができ、モチベーションの向上や新たな側面からの自己理解を深めるきっかけとなり、メンター自身の可能性を広げることに大きく寄与するのです。

ただし、このメンタリングという対話法は、メンターがメンティーの自発的な発信を促す点にその難しさがあります。技術やスキルを伝授するわけではなく、あくまでも「人間的な成長」を中心にしたコミュニケーションであるため、メンティーの現状だけを見るのではなく、過去や未来まで見据えた上で、メンティー自身も気がついていないような潜在的に眠っている感覚まで引き出すことが求められます。

その際、相手の想いを本当の意味で傾聴することと、かつ、その考えをさらに深めるための良質な質問を投げかける必要があります。

つまり、**効果的なメンタリングのために必要な姿勢とは、「Active Listener」と「Good Questioner」の両方の役割を自らの中に共存させ、相手とのコミュニケーションを試みることです。**

その際、先に紹介した「Who are you? 5つのアプローチ」を意識することで、単なるコミュニケーションでは見出すことのできなかった新しい相手の側面、まさにZ世代の「後ろ姿」の先にあるものを、きっと発見できるはずです。

第4章

Z世代が企業を牽引することによって達成した経営における重要指標の大幅アップ

世界の中で圧倒的に低い日本企業の人財育成投資額

ここまでお読みいただければ、Z世代とのダイアローグから得た発想や感性を経営方針に取り入れることで、組織に良質な変革をもたらし、さらには潜在的なマーケットニーズを汲み取った新しい商品やサービスが生まれることを理解いただけたと思います。

とはいえ、Z世代という人財資産を、文字通り即戦力とするために、彼ら彼女らの才能をどう育てればいいのか、なかなか難しく感じられるのではないでしょうか？

これまでの企業風土に根付いている「まずは下積みから重ねて徐々に……」というような年功序列・終身雇用を前提とした人財育成が、彼ら彼女らにとって決して有効ではないとの認識はある一方で、一か八かの抜擢人事で賭けに出るような施策にも不安や疑問が残ります。

若い人財の可能性に期待し、望みを託すことは企業にとって大切なことではありますが、彼ら彼女らの資質を伸ばすことの方が、実は、ずっと重要であり、なおかつ難題です。

ところが、そもそも日本企業は、他国の企業と比較して社員育成にかける費用が突出して低いという現状があります。

厚生労働省による、アメリカ、フランス、ドイツ、イタリア、イギリスの欧米5カ国と日本における、企業の社員に対する能力開発の動向を調べたデータがあります。具体的には、「GDP（国内総生産）に占める企業の能力開発費」によって示されているのですが、他国の能力開発費がいずれもGDPの1％以上であるのに対して、日本の割合は0・1％となっており、なんと10倍以上もの開きがあるのです。

この実態を単純計算ですが実際の費用額で比較すると、能力開発への投資割合が最も高いアメリカの2010~2014年の投資額は約32兆4100億円、一方、同時期の日本は5003億円であり、これは、アメリカのわずか約1・5％です。このような数値で比較すると、社員育成にかなり消極的な日本企業の体質が浮き彫りになります。

企業経営の舵取りを担う経営者、また、企業の中核を成す幹部や管理職社員たちは、この由々しき事態に、今こそ本気で向き合うべきときなのではないでしょうか?

タテマエ先行で入社後に「出る杭を打つ」日本型企業

繰り返しになりますが、私と太田さんは、約40年の開きがある年齢ギャップに加え、ジェンダーギャップも混在した、大袈裟でなくまったく異なる人種同士といえます。このような状況は、ある程度の規模の企業であればよくあることでしょう。

私は、こうしたバックボーンの違いは、Z世代の才能を引き出すだけでなく、彼ら彼女らの育成についても大きく影響すると考えています。さらに言えば、人財投資に対する日本企業の無頓着さという深刻な課題解決のためのパートナーとして、Z世代の感性から大いに学ぶべきだとも思うのです。

実は、太田さんが入社直後に、こんな話をしてくれたことがありました。

学生のとき、さまざまな企業の方のお話を聞く機会があり、人事担当者の方に「若手の頃から活躍ができる。」というお話を聞いて心を躍らせることがありました。ただ、その企業で実際に働く先輩などに話を聞くと、「出る杭は打たれるから地道に仕事をしているよ。」と言われることも多く、疑心暗鬼になることもあったんです。「企業説明会で話されていることは、半分以上がタテマエだから気をつけた方がいいよ。」なんて、アドバイスをくれる先輩もいましたから……。

そうだなぁ、今は「売り手市場」なんて言葉で表されるように、学生も企業を選ぶ立場にいるからね。企業も、より多くの学生に会社を魅力的だと思ってもらいたいのかもね。

魅力的に見せておいて、いざ入社したら「現実を見なさい」というのは少し厳しすぎますよね。学生の頃や、入社して間もない頃に描いていた大きな目標や人生設計

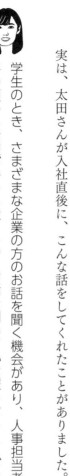

が、キャリアを重ねると「夢物語」になってしまうなんて、寂しいです。

キャリアを重ねていくと、どうしても仕事が「生きるため」「家族を養うため」、という義務感のあるものに変わってしまうのかな。そして、その考え方が定着することが、「出る杭は打たれる」という雰囲気を作っているのかもしれないね。

誰しも必ず、大人になる前に抱いていた大志があるはずです。そのことを忘れず、実現したい目標に向かってイキイキと働ける社会を作りたいですね……。

今の話を聞いて、The Happiest Age の円盤を思い出したんだけど、太田さんはこの問題、見たことあったかな？

■次の問いに答えよ。（制限時間 5分間）
人生で最も辛い年齢は、47・2歳である。

これは、米国のダートマス大学の経済学者、デイヴィッド・ブランチフラワー教授が、

The Happiest Age

SDGsカリキュラム

新しい人財開発プログラム Center for Sustainable Development 認定プログラム
EARTH INSTITUTE | COLUMBIA UNIVERSITY

■ 次の問いに答えよ。〔制限時間 5分間〕

人生で最も辛い年齢は、47.2歳である。

これは、米国のダートマス大学の経済学者、デイヴィッド・ブランチフラワー教授が、世界132カ国から約50万人のデータを分析して算出した先進国における結果です。
この統計結果を見たあなたは、真逆の概念として「人生で最も幸福な年齢」を自分なりに考えてみました。
下記の解答欄にあなたが考えた年齢を記入し、多くの人が納得する理由を120字以内で書きなさい。

人生で最も幸福な年齢は、　　　歳である。

Name :　　Group :　　Date :

特許取得 特許第6535771号

Japanese Council for Education Reform
教育改革推進協議会 監修

日本アクティブラーニング協会メソッド
Japan Active Learning Association

世界132カ国から約50万人のデータを分析して算出した先進国における結果です。この統計結果を見たあなたは、真逆の概念として「人生で最も幸福な年齢」を自分なりに考えてみました。

下記の解答欄にあなたが考えた年齢を記入し、多くの人が納得する理由を120字以内で書きなさい。

たしか、教育機関に提供している「SDGsカリキュラム」の問題の一つですよね？

この問題の前提となっているデータに、47・2歳が人生で最も幸福度が薄れるという統計があるよね？　でも、40代後半というのは、企業の中では中核的存在で一番脂がのっている世代であるはずなんだ。

そうですよね。ただ、就職活動で感じた「企業が見せるタテマエ」と「実態」との差が、このデータに関係しているようにも思います。もちろん、すべての企業に当

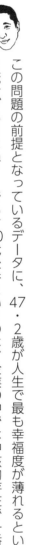

てはまるわけではないと思いますが……。

「赤い冷蔵庫」の円盤解答から感じた〝絆〟の正体

ちなみに、今さらの話かもしれないけれど、太田さんはなぜ我が社に入社を決めたの？

それなんですけど……。最終面接のとき、私が初めて解いた「赤い冷蔵庫」（27ページ参照）の円盤の話題になったのを覚えていらっしゃいますか？

もちろん、覚えているよ。日本アクティブラーニング協会の研修に参加した太田さんが解いた円盤の解答が、なぜだか自分の中にずっと残っていたんだよね。太田さんに直接会ったことはなかったけれど、「この人物には何かあるかも？」と直観し

た解答だったから、なぜこれを書いたのか、太田さんとの入社面接で必ず聞こうと思っていたからね。

あのときの研修は、当時、私がアルバイトをしていた塾の大学生を対象にしたものでしたよね。一方的な教え方ではなく、双方向性を重視するアクティブラーニングやメンタリングを学ぶための研修だと聞いて参加したのを覚えています。参加する前は、教育方法の新しいやり方を学ぶ座学的な研修なのかな?と漠然と思っていたのですが、いきなり円盤の問題が配られて、制限時間5分で解かなければならず、まさに想定外でした。

そうだよね。最初は「何なんだろう、これ?」って思うよね。

ただ、円盤の問題を見てすぐに「たしかにこの問題で多くの人を感動させられる人は他者に影響を与えられる人財なんだろうな」と思いました。

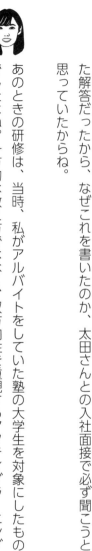

なるほど、その理由は？

人を感動させられるということは、共感を生むことができるということです。実際に社会で活躍している人を見ていると、心を動かすメッセージを届けることに長けているな、と感じます。

その通りだね。さらに言えば、アクティブラーニングもメンタリングも、相手の主体性を引き出すことが一番難しいことだよね。そのためには、他者の心を動かす存在になることが最も重要だと思うね。太田さんを入社試験に誘ったという私の主体性も、まさに太田さんのこの解答によって、私の心が動かされたからこそ発揮できたわけだね。

・太田さんの「赤い冷蔵庫」問題解答

よりによって赤？　新生活、部屋はシンプルって決めてたのに。思わず電話をかける。「おばあちゃん、なんで赤なの？」「あぁ、届いたかい。昔買ってあげたランドセル、え

らい気に入ってたけん…」懐かしそうな声に何も言えなくなる。おばあちゃん、ありがとう。（120文字）

最終面接のとき、秀希さんが私の解答について「太田さんの解答には〝絆〟を感じる。これは我が社が提唱している非認知スキルの一番の肝なんだよ」とおっしゃられたのがすごく印象的でした。

そうそう、あの面接で、この解答は、太田さんの実際のおばあさまとのエピソードから生み出されたと聞いてすごいなと思ったんだ。幼い頃からおばあさまに大切にされて、自分もまたおばあさまとの関係を大切にしている太田さんの姿が目に浮かぶようだった。実は、我が社で独自に見出した非認知スキル「The 25 Soft Skills」の中で一番の核になっているものが、25番目の指標 Respect for your Roots（絆）なんだよ。

私が入社を決めたのは、多分、そこにあると思います。

というと……？

入社理由の核心は、正直なところ一言ではなかなか言い表せない部分もあります。最初はまったく想定していない業種でしたから……。ですが、今思えば、最終面接での秀希さんとの会話で、私が大切にしているものと企業の文化とがマッチしているな……そんな感覚を得られたことが、多分、今ここにいる理由なんじゃないかと思います。

なるほど。それは、これからの企業の人財採用や育成において、とても重要な視点だな。

Z世代への背伸びした企業価値の訴求はマイナス効果だらけ

こうした太田さんとの対話から、私は、Z世代が、物ごとの表と裏のギャップに対して非常に敏感であることを改めて認識するようになりました。

Z世代人口は、現段階で日本だけでも約1800万人、世界では約20億人いることになり（総務省統計局「世界の統計　2019」より）、これからの世界市場で大きな割合を占める存在です。彼ら彼女らは「ありのままのリアルさ」を重視する傾向があると言われていますが、**Z世代の認識する「リアル」とは、外側のステータスやブランドではなく、内側にある「質的な実態」を意味します。**太田さんが入社の理由として挙げた「企業の文化」とは、まさにこの価値観を表しているものでしょう。

私は、このようなZ世代の価値観は、企業の採用や育成において、これからますます重要なポイントになると考えます。

現在、企業の採用活動は、これからの社会の価値観形成に大きな影響力を持つZ世代にマッチするよう、随分と変化しています。

特に、コロナ禍による影響から、例えば企業説明会においては、YouTubeの動画を使う事例が頻繁に見られるようになりました。各企業が自社の魅力を盛り込んだ、非常に凝った動画を作成し、YouTubeから絶えず発信することで、Z世代の学生に刺さるメッセージを、時と場所に縛られることなく届けられるメリットがあるのです。その内容とは、多くの場合、自社が「社会貢献度の高い事業」を手がけており、「社員の人財価値を高められる職場環境」であることのアピールです。

Z世代に訴求するために、こうした施策に意味がないとは言いませんが、太田さんとの対話が示す通り、企業による一方的な喧伝《けんでん》に対してある意味で非常にドライな彼ら彼女らに、果たしてどこまで持続的な効果を与えられるのか、やや疑問が残ります。

コロナ禍を逆手に取った企業研修の打開策

そして、この採用プロセスにおける課題は、実は、「育成」においても同じことが言えるでしょう。企業の社員育成とは、まさに社員のあるべき姿への投資です。つまり、社員に対して期待、要求する「人財としての姿」をあらしめるために、会社がどれだけの取り組みをしているかということです。

Z世代に刺さるよう、社会貢献度の高い事業や人財として成長できる環境を企業が標榜する限りは、それに対する働きかけが実態としてどうなっているのか、彼ら彼女らは驚くほど鋭く見抜きます。

掲げていることと実態とに矛盾や乖離がある場合、その反動がどれほど大きなものになるかを、これからの時代の企業経営者は、絶対に侮ってはいけないと思います。

そう考えた私は、思い切って、ある老舗企業に実施する社員研修のメインファシリテーターとして、太田さんを抜擢することに決めました。

これは、研修業界ではかなり特殊なことだったと思います。通常、企業の研修やセミナーにおけるファシリテーターや講師を担う人財は、かなりの経験を有しており、専門的な知識を持っているケースがほとんどです。その観点からすると、入社して1年目の太田さんは、当然のことながら、まったくの未経験者であり、何の実績もありません。

ですが、奇しくも新型コロナウイルスが蔓延したことが、太田さんというZ世代を抜擢する決断の後押しとなりました。なぜなら、感染リスクのために「集合型の研修ができない」という弊社が目の当たりした難局に対して、その打開策を提案したのが、まさに太田さんだったからです。

次に、そのときの彼女との対話をご紹介します。

Z世代の力が最大限に発揮される企業研修の完全オンライン化

デジタルネイティブ代表の太田さんと、ぜひ議論したいことがあるんだけど……。

なんでしょうか？

このコロナ禍で、対面で行っていた研修ができなくなってしまったよね。これはもう、オンラインでの研修に切り替えるしかないと思うのだけれど、現場で実施していたときのような臨場感や没入感が実現できるか、ちょっと想像できなくてね……。

たしかに……。「仕方ない」からオンライン化した、ではなく、「オンラインの方がいい」からオンライン化した、と胸を張って言いたいですよね。

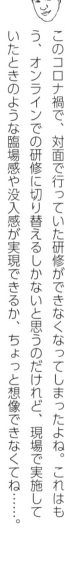

うちはミュージカルカンパニーを運営していることもあって映像や音声の伝送機材なんかはかなり揃っているから、観ている人が飽きない「画《え》づくり」はできると思うんだ。ただ、現場で実施していたときの、参加者と一緒に研修を創り上げる「一体感」のようなものを取り入れたいんだよなぁ……。

うーん、たしかに、綺麗な映像を観ているだけでは、テレビの視聴者のような感覚になってしまいますもんね。視聴者ではなく、参加者すらも出演者になれるような研修をオンラインで実施できたら、素敵ですよね。

そうなんだよ。だけどどうしたらいいか、ちょっと見当がつかなくてね。

そういえば、私が入社する前、コロナ禍の前でしたが、オンラインの要素を入れながら実施した研修を見学させていただきましたよね。遠方に住んでいる方とビデオ通話をつないで、会場の参加者とコミュニケーションを取れるようにしていました。

ああ、あったね。研修終了後、オンラインで参加されていた方が「現場の感動が、映像を超えて伝わってきた」とコメントされていたのが印象に残っているな。

研修後の懇親会でお出しした軽食を、遠方の方にも配達していたのを知って、驚いたと同時に感動しました。全員が同じ感動を味わえる研修になっていましたよね。あのときの要素は、オンラインでの研修実施に役立たせられるのではないでしょうか？

よく覚えているね！　いつも研修を作るときには、参加者が頭で何かを理解するよりも、とにかく心を動かされるようにしたいと思っているんだよね。五感すべてを刺激して、感動体験を味わってほしい、という願いもあったから、多少時間や手間をかけても、研修会場で出したものと同じものをオンラインでの参加者にも配達したんだよ。

心を動かされる体験って、かなり重要ですよね。自分の人生を振り返っても、必死

に覚えた知識より、感動した経験の方が記憶に残っていますし、そこから学ぶことの方が大きかったように思います。頭で考えるよりも、実際に経験することから得る方が、吸収が速いことは、私も実感しています。

太田さんの世代はスピード感が他の世代と本当に違うと思うよ。Zoomも、コロナ禍でみんな一斉に使い始めたのに、やっぱり一番スムーズに順応しているもんね。まず使い方を学んで、ではなく、使いながら覚えている感じがする。

そうですね。Zoomの使い方を知識としてインプットする機会はこれまでありませんでした。会議や商談など、日常的に使用する中で、自然と使いこなせるようになりましたね。

そうやって全員がスッとデジタルに移行できればいいんだけどね……。コロナ禍でオンライン研修に切り替えることの一つの懸念は、デジタルに苦手意識を持っているような年配世代が、研修そのものを面倒に感じてしまうことなんだ。

なるほど。であれば、オンライン研修参加のための事前動画を作成するのはどうでしょうか？　接続テストや研修に必要な環境設定を、動画を観ながら行えるようにすることで、オンラインに馴染みのない方も参加しやすくなるのではないでしょうか？

それ、いいかもしれないね。当日の研修で、自分の表情や声、そしてワークに最大限集中できるよう、受講環境を事前に整えてもらえると、全員が同じクオリティの環境の中で研修を受けられるよね。

あ……、今思ったのですが、オンライン研修の最大の良さは、実は、「自分の顔が画面に映ること」なのではないでしょうか？

どういうこと？

「他者と対話をしている自分の顔」を客観的に見ることが、一番の研修になるんじ

ゃないかと思うんです。自分の表情や声がどうなっているかは、リアルな世界だとほぼ把握できませんよね。自分を客観的に見られない、というか……。

「メタ認知」の力を徹底して鍛えるオンライン環境

太田さんの話を聞いていて、一つ合点がいったことがあるよ。

え、なんでしょうか。

これは私が以前、塾を経営していたころ、多くの受験生を見てきた実感なんだけど、大学受験の総合型選抜（旧ＡＯ入試）での面接で、「受かる」人と「落ちる」人には、決定的な違いが一つあるんだ。

決定的な違い！　そういうものがあるんですか？

そうなんだよ。実はそれは、「試験後、面接の様子を再現できるかどうか」なんだ。面接を終えて塾に帰ってきた生徒のうち、面接官とのやりとりを再現できる生徒は合格率が高い傾向にあったね。

そうなんですか。目の前の相手の話をよく聞いていて覚えているということは、それだけ記憶力が高いということでしょうか？

それが、例えば偏差値が高くて記憶力に長けていそうな生徒でも面接でのやりとりをまったく覚えていないケースもあるし、逆にペーパーテストが苦手な生徒の方がありありと再現できるケースもあって、どうやら記憶力の問題ではないな、という印象なんだよね。

不思議ですね。一体、何が関係しているんでしょう？

私が思うに、状況を再現できる人は「メタ認知」の力を持っているんだ。**他者との関わりの中で「自分」という存在を捉えられているから、コミュニケーションも独りよがりにならないんだよね。**太田さんの「赤い冷蔵庫」の円盤問題の解答に私が強く惹かれたのも、世代を超えたつながりの中に自分が存在している、という、ある意味でのメタ認知を感じさせるものだったからだろうな。

「メタ認知」ってとても重要な力ですね。だとすれば、やっぱり、自分の姿が見えない集合型のライブ研修よりも、自分も他者も客観的に捉えられるオンライン環境を活かした研修の方が、これまでにない効果を生めるかもしれませんね！

そうだね。最近、話題にされることの多い幸福度についても、この「メタ認知」に優れている人ほど高いと言われているね。

そうなんですね。オンライン研修によって「メタ認知」が鍛えられれば、The

Happiest Ageの円盤にあった47・2歳が最も辛いという問題も、解消されるようになるかもしれませんね。

入社1年目が中心となった研修で従来の常識を打ち破った出席率100%

このやりとりの直後、私は、企業研修のメインファシリテーターとして太田さんが適任だと判断しました。この時代の節目において、Z世代的感性がもたらすオンライン空間への深い洞察は、絶対に活かすべきだと確信があったのです。

実際に、彼女がファシリテーターを務めた企業研修は、ことごとく突出した成果につながっています。

例えば、ある企業での管理職を対象とする任意参加の研修では、それまでは管理職の中で実際に研修に出席するのは30%留まりで、人事担当者の頭を悩ませる状況がありました。

ところが、太田さんが制作指揮したオンライン研修の説明動画を、この企業の管理職社員に対し、事前に配信しました。その際、初めてｗｅｂ会議システムを使う年配社員向けの説明動画を付けると共に、研修内容の予告も入れました。これは、単なる予告説明ではなく、「オンラインという未体験ゾーン」で学ぶことへの期待が膨らむような工夫が随所に施されていた動画で、その結果、研修当日に蓋を開けてみれば、なんと出席率１００％という異例の事態となったのです。

これには人事の研修担当者も心底驚いていました。

Z世代の発想が生んだ史上最高の研修満足率

別の企業の研修においては、太田さんの発案から一つの画面に１００人の参加者の顔が投影されるような演出を施し、ライブ以上の一体感が生まれるオンライン空間を現出させました。また、傍聴型でなく参加型にするために、web会議システムと配信機材の技術を組み合わせ、オンラインで参加している研修参加者が、あたかもファシリテーターのいるスタジオに現れているかのようなワークも実現させました。

すべて、既存の技術の組み合わせで実現したオンライン研修の手法ですが、太田さんを中心に社内の配信機材チームや動画作成チームと連日相談しながら実現に漕ぎ着けました。

この研修では、参加者の体験満足度を測る指標であるNPS（ネットプロモータースコア）を計測したのですが、有名なテーマパークのスコアを超える俄《にわか》には信じがたい得点となり、我が社の社員一同、Z世代の底知れぬ力を改めて実感することになりました。

いずれにしても、これらオンライン研修の開発は、太田さん自身が「自分がメインファシリテーターを務める」との立場を認識したところから、他の熟練スタッフを巻き込み、劇的に進化、発展させていったのです。

コロナ禍がもたらしたデジタルトランスフォーメーションの動きは、我々のような教育・研修業界に限らず、おそらくすべての業態において避けることのできない流れです。

そのときに、Z世代の発想が生み出す新たなオンライン体験は、確実に企業の強みになるでしょう。

また、入社1年目にして企業研修のメインファシリテーターを務め、それに伴いオンライン研修の内容までデザインした一連の活躍は、太田さんというZ世代人財の効果的な育成に直結しています。

「個人知」を瞬時に「集団知」に変える Z世代の驚くべきスピード感

次は、太田さんが実際にメインファシリテーターを務めた後の、私とのやりとりの様子です。この対話から、Z世代の潜在的な資質を即実践に落とし込ませたときの育成効果について、実は、彼ら彼女ら自身が最も理解していることが窺えます。

実際にファシリテーターを務めて改めて感じたのですが、多くの企業では今でも

「知識を身につけてから実践」という流れが一般的なんですね。先日の研修でそのことをかなり痛感しました。

先日の研修というと、就職活動中の学生と企業の社会人とが一緒に参加した研修のことかな？

そうです。あのとき、研修参加者のプライベートバンカーの円盤の解答について学生の参加者と議論する機会があったのですが、そのときになるほどと感じたことがあったんです。

■次の問いに答えよ。（制限時間　5分間）

これは、某有名メガバンクのニューヨーク支店で実際にあった話です。資産額が一定以上の富裕層に対して、資産管理・資産運用の総合的なコンサルティングを行うプライベートバンキング業務で、成績優秀だった日本人の銀行員が、あるニューヨークの企業オーナーの「プライベートバンカー」として抜擢されました。しかし、専任担当

Trustworthy

SDGsカリキュラム

新しい人財開発プログラム Center for Sustainable Development 認定プログラム
EARTH INSTITUTE | COLUMBIA UNIVERSITY

■ 次の問いに答えよ。〔制限時間 5分間〕

これは、某有名メガバンクのニューヨーク支店で実際にあった話です。資産額が一定以上の富裕層に対して、資産管理・資産運用の総合的なコンサルティングを行うプライベートバンキング業務で、成績優秀だった日本人の銀行員が、あるニューヨークの企業オーナーの「プライベートバンカー」として抜擢されました。しかし、専任担当となった直後、顧客の不満により契約が破棄される事態となりました。彼は、顧客の主催するホームパーティで、顧客が嗜む「音楽」と、収集していた「絵画」の話題に全くついていけず、一気に信頼を失いました。そして、ヨーロッパにルーツを持つ金融機関のプライベートバンカーに、すぐさま取って代わられたのです。その後、彼は上司に一連の状況を説明する機会を与えられました。自らの評価を下げないためには、どのような事情説明をしたらよいでしょうか。100字以内で答えなさい。

Name :　　　Group :　　　Date :　　.　　.　　特許取得 特許第6535771号

Japanese Council for Education Reform
教育改革推進協議会 監修

日本アクティブラーニング協会メソッド
Japan Active Learning Association

となった直後、顧客の不満により契約が破棄される事態となりました。彼は、顧客の主催するホームパーティで、顧客が嗜む「音楽」と、収集していた「絵画」の話題に全くついていけず、一気に信頼を失いました。そして、ヨーロッパにルーツを持つ金融機関のプライベートバンカーに、すぐさま取って代わられたのです。その後、彼は上司に一連の状況を説明する機会を与えられました。自らの評価を下げないためには、どのような事情説明をしたらよいでしょうか。100字以内で答えなさい。

まさに若者同士の議論だね。どんな内容だったの？

参加者の一人がふと、「どうして社会人の先輩はみんな、謝罪から解答を始めるんだろう？」と口にしたんです。その瞬間、私を含め、場にいた全員が「たしかに！」と共感しました。

ほぉ、興味深いね。たしかに、参加者の解答のほとんどが、「申し訳ありません」とか「私の不手際で」という内容だった記憶があるな。太田さんたちの世代は、そ

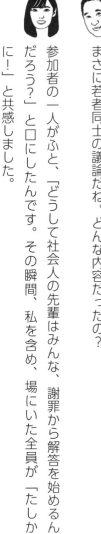

ういう解答ではなかったんだ?

まったく違いました。むしろ、その場にいた誰も謝罪については言及していなかったので、そのような解答が多いことに疑問を感じました。ちなみに、当日私が考えた解答はこんな感じです……。

今回の顧客とのやりとりで、これからは「アート」へのアンテナを強化することが最重要課題だと痛感しました。国内だけでなく世界で戦える銀行になるために、ぜひ今回の事例をグループ全体に共有する機会をください!(100文字)

本当だ、まったく謝っていないね。それどころか、自分の経験をグループ全体のナレッジにして会社を強くする、という次の行動を早速起こしている。

もちろん、大切な顧客を失ったことに対する責任はあると思いますが、ほとんどの日本人は、音楽や絵画の話題についていけないのではないでしょうか。それを、個

人だけの問題にすれば、また同じことを繰り返す気がします。一人の反省をグループ全体の学びに変えられれば、企業は大きく成長すると思います。

つまり、**個人的な失敗だと捉えれば謝罪になるけれど、同じ失敗でもシェアすれば組織全体の気づきになる**ということだね。

そうなんです。行動すれば失敗はつきものですよね。頭で考えることも重要ですけれど、まずは行動してみて、失敗だろうが成功だろうが、その体験から得た経験値を全体に活かすことの方が、ずっと大切だと思うんです。ただ、社会に出てある程度経つと、そういう考え方ではなくなるのかな、と感じたもので……。

太田さんの世代は、トライアルアンドエラーを繰り返しながら最善策を模索していくことに抵抗があまりなく、「まずやってみる」ということに慣れているのかもしれないね。

一概に「世代による差」だとは言えないですが、私たちの世代が実践に慣れていることはあるかもしれません。実生活でも、トレンドのスピードがかなり速い世代なので、とりあえず行動を起こさないと、すぐに置いていかれてしまうんです。

Z世代を率先して「バッターボックス」に立たせる価値

なるほど。行動を起こしながら学ぶ感覚の方がしっくりくる、ということかな？

はい。実際、私自身も、ファシリテーターを務めるようになって、自分のあり方が変わりました。もちろんそれまでもすべての仕事と真剣に向き合っていましたが、「自分がこの研修を成立させるんだ」という意識を持った瞬間、日々のどんな些細なことにも「今度の研修に活かそう」とアンテナを張るようになったんです。

バッターボックスに立つと、いやでも「球を打つ」ことに意識が向くからね。親になると「子どもにとっての安全性」という視点で世界を見てしまう、というような感覚だね。

まさにそんな気持ちでした。一度バッターボックスに立つ経験をすると、ファシリテーターになる、ならないを問わず、アンテナを張る姿勢を持ち続けられます。入社してすぐにこの感覚を持てたことは本当に有難かったです。

そういう経験を早くできるに越したことはないよね。誰も彼もバッターボックスに立たせるということではないけど、自分が企業を背負っているという経験をすることは大切だよね。

今お話をしていて思ったのですが、この要素を研修に取り入れてみるのはいかがでしょうか？

バッターボックスに立つ経験をする研修、ってこと？

例えば、就活生のＯＢ・ＯＧ訪問を受ける、という設定のワークを行うんです。トレーナーが、「参加者が働く企業を第一志望としている就活生」に扮して「働く」ということや「仕事」という概念について質問をしていきます。本気でその会社を目指している就活生と、本音の対話をする研修です。

それ、面白いかもしれないね。そこで取り繕ったような答えを言ってしまえば、就活生は失望してしまうかもしれない。そうかと言って、お金や家族のために働いているという解答も、場合によっては、就活生の夢や目標を取り上げることにつながる。自分にとって真の意味での「仕事」とは、「働く」とは何か、ということを考えざるを得ないね。

この研修に参加する社会人にはぜひ、自分が抱いている「大志」を思い出してほしいです。純粋無垢な就活生の姿にかつての自分を重ね合わせることで、今自分が取

り組んでいる仕事について、別の角度から考えるきっかけになるのではないでしょうか。

Z世代のポテンシャルを飛躍的に育成する「デザイン思考」

太田さんとの対話から、私は、2006年にスタンフォード大学を訪れ、そこでバーナード・ロス教授と面会したことを鮮やかに思い出しました。

バーナード・ロス教授は、ご存じの通り「デザイン思考」の礎を築き、「トランスフォーマティブ・デザイン（変革を起こすデザイン）」という講義で有名なスタンフォード大学のアカデミック・ディレクターです。デザイン思考とは、課題に対し概念によって設定した仮説を立てるのではなく、実際に現場に足を運びフィールドワークやインタビューを通じて課題の奥にある本質を探り当て、多様な意見とセッションしながら解決策を導く思考法です。この「デザイン思考」における行動学を、ロス教授が同大学のエンジニアたちと共に提唱したことで、今やスタンフォード大学の目玉となっているハッソ・プラットナー・デザイン研究所（通称 d.school）が世界的に知られるきっかけとなりました。

日本でも「デザイン思考」の関連書籍などが度々出版されるようになり、今では多くの人が認識するようになりましたが、15年前の当時は、デザイン思考も d.school も国内で知る人はほぼいませんでした。

私がスタンフォード大学を訪れたときは、「デザイン思考」における行動学がまだ世に出る前のタイミングだったこともあり、今思えば非常に幸運なことですが、私はバーナード・ロス教授から直々にこの行動学をご教授いただけたのです。

このとき、ロス教授は、私に、デザイン思考をベースとした行動学が導く成果はプロダクトなどの形あるものだけでなく人財育成においても非常に有効に機能することを諭され、我が社の人財開発に必ず活かすようアドバイスされました。

たしかに、デザイン思考の核心は、「人間中心」のデザインにあり、単なるモノ作りに留まらずビジネスや人の生き方など、普遍的な問題発見と課題解決に応用できます。既に他の専門家によってその詳細については語られていますので、ここでの言及は避けますが、まさに、太田さんが語るZ世代的な人財の育成プロセスは、バーナード・ロス教授が私に訴えられた「人財育成としてのデザイン思考」に、見事なまでに当てはまります。

デザイン思考のあまりに有名なステップですが、次に、当時私がロス教授から直接伝えられた5つの要素を示しておきます。

STEP1.【Empathize】　課題の対象に感情移入する
STEP2.【Define】　問題を定義する
STEP3.【Ideate】　アイデアを出す
STEP4.【Prototype】　（あるべき姿を追求した）試作品をつくる
STEP5.【Test】　実際に運用し、磨きをかける最後に、ロス教授は、私にこう強調されました。

「Mr.Aikawa、各ステップを辿る以上に重要なことがあることを忘れずに。それは、行動を起こすことであり、同時に失敗を恐れないことだ。」

この視点で、ぜひもう一度、私と太田さんとの対話を読み返していただければと思います。きっと、「デザイン思考」の本質が、Z世代である彼女の成長プロセスに深くシンクロしていることを、ご理解いただけるのではないでしょうか?

第5章

経営者世代とZ世代との「世代間交流」が生み出す真価とは？

世代間交流という未知なる領域の開拓へ

今の日本社会は、世界に先駆けて少子高齢化が進行し、社会保障や経済的な側面で、若年層世代と年配世代との格差がより目立ってきています。こうした差を埋めるための政策の推進は確実に必要なことですが、私は、格差だけでなく、世代間の交流がもたらす効果についてより注目されるべき時代が今であることを感じています。

もちろんこれまでも、異なる世代との交流の重要性については、家族関係や地域社会、福祉などの分野で既に多くの指摘がなされています。ですが、企業経営やビジネス活動における世代間交流についての試みは、まさにこれから開拓すべき新たな領域だと思うのです。

第1章から第4章までは、40年以上にわたり会社マネジメントをしてきた私の経営観が、奇しくも新人社員である太田さんとの対話により研ぎ澄まされていき、その結果生じた会社の良質な変化についてお伝えしてきました。

最終章となる本章では、このような異世代の交流がもたらす本質的な意味についてより深めていきます。企業経営者の方はもちろん、さまざまな組織やフィールドで活躍される方にとって、これからの時代における組織経営のヒントとなれば幸いです。

8歳の孫娘から学んだ「世代間交流」の本質とは?

友だちバトン

わたしは今走っている
走っている
バトンと走っている
走っているときにバトンをみると

「がんばろう」
「ぜったいかとう」と言ってるみたい
ドテ
「あ」
ころんだ
まけた
くやしかった
「ドンマイ」
バトンが言った

これは、私の8歳の孫娘が、コロナ禍のために小学校が一斉休校になった2020年に、家での学習として詩を作る宿題が出されたときに書いたものです。

学校のスポーツ大会でリレーの選手に選ばれたいと、父親と一緒に毎日のように近所の公園で走る練習をしていた最中に、コロナ感染の拡大が騒がれるようになりました。そんな背景から生まれた詩だろうとは思いますが、孫が詩にしたこの情景が、果たしてどのときを表しているのかは本当のところは分かりません。ただ、たどたどしい字で書かれた詩を見たとき、何か慈しむような、懐かしいような気持ちになり、思わず私はこの詩をスマートフォンで撮影、保存し、今でも時折見返します。そしてそのたびに、62歳の今の自分には到底このような詩は書けないなという感覚と同時に、子どもの頃の自らを思い出すような、何とも言えない感情が込み上げてくるのです。

私は、ここに「世代間交流」の真髄があるように思います。それは、いわば、**人間らしい感性の鮮度を取り戻す行為です。**

アートが鍵を握るこれからの人財育成

今は、ビジネスにおいて、再現性や論理だけでなく、感性やセンスのようなものがより重要視されるようになっています。拙著『超一流はアクティブラーニングを、やっている。』（東京書籍）でも触れていますが、ちょっと前までは、ＭＢＡ（経営学修士）を有していることが優秀なビジネスマンのステータスでしたが、今では「Master of Fine Arts（ＭＦＡ）」（美術学修士）を取得している人財の方が、給料や待遇などにおいて有利に働く時代です。

つまり、「アート」の領域をベースに持っているかどうかが、人財価値に大きく影響するのです。たしかに、ＡＩやテクノロジーにはない人間としての領域を構成するものに、感性や創造性といったアート的な要素が欠かせなくなるという視点は深く頷けます。

実際、ビジネスパーソン向けにアート作品を鑑賞し、感じたことを話し合う美術館主催のワークショップも増えているそうです。我が社としても、既に長年にわたりアート領域と人財育成とを融合させたプログラムを行っていますが、特に最近、これまでまったく接点のなかった業種・業界からの研修依頼が増えており、会社経営において「アート」を重要視する世間の潮流を強く実感しています。

そんなことから、太田さんとの対話でも、アートと人財育成の関係について話題になったことがあります。結論を言ってしまえば、この対話から受け取れる彼女の一貫したメッセージは、**アート的な感性とは即ち「非認知スキル」に置き換えられる**ということでした。

最近、アート思考の重要性について各企業から相談を受ける機会が増えているよね。太田さんは企業研修や人財開発にアートを取り入れていく今の流れについてどう思う？

そうですよね。一般企業だけでなく、先日は、公務員関連の組織からも、これからは感性や直観が重要になるから「アート」を取り入れた研修をしたいとの依頼をいただきましたよね。ただ、そうしたアートを自分の中に取り込む感覚は、もしかしたら若い世代の方が当たり前になっているような気がします。

それは、どうしてかな？

やっぱりＳＮＳで発信する文化が大きく影響しているように思います。たとえばInstagramで価値があるとされるものは、「わかりやすさ」よりも、一目で「人の

心を動かせる」投稿の方ですよね。

そうだよね。そう言えば、YouTubeの動画でも、太田さんの世代は最初の数秒でその動画を見続けるかどうか判断しているという話もあるよね。

一瞬で動画の価値を判断しているという裏には、理屈やロジックよりも自分の直観の方を大切にしている価値観があるのだと思います。

たしかに、SNSの発信は、論理や概念を超えて自分の心が惹き付けられるものを基にした表現であることは、アートに通ずるところがあるね。

そうなんです。しかも、面白いことに、旅行やライブなど友人同士で一緒に過ごしていても、SNSの投稿は人それぞれまったく違う個性が出るんです。内容だけでなく発信方法も、映像主体のInstagramで発信する人もいれば、中にはTwitterなど文字ベースでの発信を得意とする人もいます。

それぞれの視点や価値観で、内容はもちろん、表現方法までさまざまに違ってくるんだね。

その違いこそ、まさにその人の「非認知スキル」の表れだと思います。同じ風景の映像だとしても、洞察力に長けている人や想像力が高い人、チームワークを重視する人など、人それぞれの内面にある「非認知スキル」のあり方によってまったく違うアウトプットになっているなと感じるんです。

きっとそうだろうね。SNSでの発信は、映像や文章の質の高さ以上に、「その人ならではの独自の視点」の方に価値を感じるし、それが共感につながっているよね。

アートの感性は非認知スキルを鍛えることから始まる

それで思い出したのですが、私が大学に入学したばかりのとき、他の大学に進学した友人からＳＮＳで回ってきた集合写真があったんです。入学式の講堂か何かで、何百人という学生が集合している様子を一人の学生がスマホの自撮りで撮影したものなんですよね。

なるほど。入学式が終わった後に撮った写真かな？

その通りです。ただ、普通の集合写真ではないんですよ。なんと、入学式が終わった瞬間に、ある一人の学生が「はい、みんな集まってくださ～い！」と大きな声を上げながら新入生たちの前に躍り出てきたそうです。しかもその学部の学生全員をあれよあれよと言う間に集合させて、「せ～の！　ハイ、チーズ！」と、自分のス

マホで撮影したらしいんです。つまり、この写真の価値は、単なる入学直後の集合写真としてのものではなく、撮影者の行動力や突破力が為せる業にあると思うんですよね。写真には写らないですけれど、人間としての底力みたいなものを象徴する写真だなと強く感じたことを覚えています。

だからこそ、そのたった1枚の集合写真が、まるで伝説のように他の大学の学生にまで広く拡散されたんだろうね。

アートも同じですよね。世の中に強い影響を与えるインパクトのあるアート作品は、技術や技法以上に、人間としてのエネルギーや何らかの世界観を感じさせるものだと思います。

これはまさに「非認知スキル」に通じるね。アートというと、何か特別な才能のように感じてしまうけれど、その正体は「非認知スキル」だと考えれば、本来は誰の中にも内在しているものだとわかるね。

しかも、それは、日常の中で鍛えられるものですよね。SNSの投稿は、食べたものや読んだ本、通りかかった景色など、どれもすごく日常的なものです。そうした個人的な要素の集積にこそ「その人らしさ」が表れますから、**日常のいろいろな出来事に対して「自分だったらどう感じるだろう?」と振り返る機会を増やせば増やすほど、「非認知スキル」も伸びていくのかもしれませんね。**

ビジネスパーソンが取り入れるべきアート的な感性とは、「非認知スキル」そのものであり、それは自らの視点を日常的に鍛えることだという太田さんの実感は、私もその通りだと思います。

モノやサービスの価値は利便性や汎用性で決まりますが、アートの価値はそのオリジナリティや希少性が大きく影響します。第3章でも触れましたが、「非認知スキル」は、その人らしさ、まさに本来的に各々が有している固有性を示すものですから、たしかに、クリエイターの独自性や視点が表出されるアートの本質と重なります。

そして、これからの時代は、経営者も企業人も自らの「非認知スキル」を意識し鍛えていくことこそが、AIやテクノロジーに代替されることのない「人間ならでは」の領域を耕すことになり、それが企業を支える無形の資産になるはずです。

東大入試の英作文から見た「人間ならでは」の領域

では、非認知スキルを伸ばすことで見えてくる「人間ならでは」の領域とは、具体的にはどのようなものなのでしょうか？　これを示す一つの事例を紹介したいと思います。意外に思われるかもしれませんが、2017年の東京大学の入試における英作文の問題です。

「あなたがいま試験を受けているキャンパスに関して、気づいたことを一つ選び、それについて60〜80語の英語で説明しなさい。」

最難関大学が実際に出題した英作文の問題ですが、この問いを目にしたとき、何を感じられたでしょうか？　おそらく、専門的な知識も難しい概念も必要としない、非常にシンプルな問題だという感覚ではないでしょうか。実際、この問題に対してこの年に大半の大手予備校が報じた問題分析の内容は、「今年の東京大学の英作文は易化した」となっています。しかし、果たして本当に「易化」した問題だったのでしょうか？

私は、東京大学の問題には、単なる受験テクニックの次元ではない、その時代を象徴する深い洞察が込められていると考えています。

実は、２０１７年の英作文の問題は、ある見方によると、「ＡＩの限界」を象徴している問題だと言われています。一見複雑な概念もロジックも必要としないシンプルな問題のように見えますが、実は、この手の問題にＡＩが解答するということは、非常に難しい作業になるのだそうです。

その理由は、問題の題意にある「あなたがいま試験を受けているキャンパス」について表現しなくてはならない点にあります。専門家でない立場からするとちょっと不思議に思うのですが、ＡＩは、さまざまな状況や様相の中に「自己」という存在を入れて記述することが、極端に苦手なのだそうです。つまり、この問題を通して東京大学が訴えているメッセージとは、ＡＩが到達することのできない「人間ならでは」の領域を重視した選抜を実施すべきだということに他ならないのです。

世界を認識するとき、外界と自己とを分離させることなく一体的に記述することがＡＩには辿り着けない領域であるという事実は、太田さんとの対話にもあった、人間らしさを示す「非認知スキル」を鍛えるには、日常的に「自らを振り返る」という行為が重要だとの考えにも通じます。

つまり、「自分が今この瞬間、何をどう感じているのか？」という自身の主観について、自らの喜怒哀楽すらも取り込みつつ絶えず捉え直していくという行為が、ＡＩには代替できない「人間ならでは」の領域を耕し続けることになるわけです。そしてこの考え方は、これからの時代の働き方や生き方における非常に重要な指針となるでしょう。

企業経営者の難題「承継問題」と非認知スキルの深い関係

随分と回りくどくなってしまいましたが、私は、企業の「世代間交流」における対話の真価もまた、この考え方に基づくべきだと考えています。**要は、異世代におけるダイアローグが生み出す本当の価値とは、相互の「非認知スキル」の領域をどれだけ交流させられるかにあるということです。**

この視点を持ったとき、実は、企業経営における最重要かつ最大の課題に対する糸口も見えてきます。それは、「事業承継」の問題です。

事業を次の代へと承継させていくことは、会社経営を持続させ未来につないでいくために、経営者にとって最後の大仕事とも言うべきミッションです。しかし、これが現在、慢性的に大きな課題となっているのです。日本の多くの企業では、経営者の高齢化が進み、今後、70歳を超える中小企業の経営者や個人事業主のうちの約半分は後継者が定まらないままだと予測されています。特に中小企業などでは、少子化による後継者不足が主な理由として挙がっており、最近では、後継者志望の人財と承継に悩む経営者とのマッチングサービスまで始まっています。しかしその一方で、事業承継ができないばかりに黒字経営であっても廃業に追いこまれる企業が増加しているのです。

このままだと、「2025年頃までの10年間累計で約650万人の雇用、約22兆円のGDPが失われる」（経済産業省と中小企業庁による2017年の試算より）可能性があり、日本経済にとっても重大な課題です。にもかかわらず、中小企業においては、後継者を既に決めている経営者は60代で約3割、70代でも約5割です（東京商工会議所「事業承継の実態に関するアンケート調査」より）。

私は、「非認知スキル」領域を真ん中に据えた「世代間交流」こそが、企業経営や組織の持続を阻むこのような難題への糸口になるだろうと確信しています。

事業承継がうまくいかない理由としてはいろいろなことが挙げられていますが、私が思うに、その最大の要因は事業に対する夢や想い、目的について共有することの難しさにあるのではないかと思っています。

あらゆる企業、組織が誕生したとき、そこには必ず創業の想いがあります。創業者の意識と言ってもいいでしょう。「こういう会社をつくりたい。こんな商品を提供したい」と、自らの信念に基づき、自分の信じる価値を世の中に届けようとする創業者の強烈な想いが、今の会社を形作っているのです。これを別の言葉で言えば「理念」です。どんな企業でも創業の理念が根幹となって会社経営が支えられているわけですが、この部分は、事業計画書や会社の帳簿、取引先名簿のように目に見える事柄ではありませんから、次世代に対してその共有を行うことは最も難しいと考えられます。

しかし、長く存続し続けている企業は、経営者から経営者へと、代々にわたり確実に「理念」のバトンが手渡されています。さらに、このバトンを預かった経営者による企業組織は、一貫した想いや哲学で満たされており、それが社員一人ひとりにまで浸透しています。

私は、事業承継の鍵となる、目には見えない創業の理念や経営哲学を組織全体に継承させるための鍵は、「非認知スキル」の中から見出せると考えます。それは、「The 25

Soft Skills」の中の25番目の指標、「Respect for your Roots（絆）」です。

「Respect for your Roots（絆）」が企業経営の基盤となる理由

弊社が非認知スキルとして定義している「The 25 Soft Skills」では、その25番目の指標として「Respect for your Roots（絆）」が置かれています（１４０ページ参照）。これは、自らを在らしめている「つながり」に対する認識や敬意を示す指標です。この「つながり」とは、今の家族や友人、仲間はもちろんのこと、祖父母を始めとする祖先から引き継いできたものから、自分の子どもや孫などの子孫に与える影響まで、非常に広範な要素を含みます。

私は、この「The 25 Soft Skills」の最後の指標である「Respect for your Roots（絆）」こそが、その他の24指標を生み出している源だと考えています。実際に、非認知スキルが高い人財や組織には、この25番目の指標が確実に強く現れています。また、「つながり」に対する広く深い認識こそが人間らしさを示す「非認知スキル」の大元であるという考えは、前述の、東京大学の英作文の問題が象徴する「森羅万象の中に存在する自己への認識がＡＩには決してできない」ということとも矛盾しません。

私は、事業承継に欠かせない理念の継承とは即ち、会社を構成する人財一人ひとりに対し、「Respect for your Roots（絆）」を育んでいくことだと思っています。「会社が目指すものがそもそも何であるのか？　何のための事業なのか？」といったルーツに対する人間的な共有こそが、事業を承継する際の最大の要件であり、当然のことですが、これは一朝一夕には成し遂げられません。経営者による、長期的かつ不断の働きかけがあって初めて紡ぎ出されていく意識のネットワークを維持することは、並大抵のことではないのです。ただし、その目には見えないつながりの醸成こそが、企業独自のルーツを在らしめていくことになり、結果として、そこから相応しい後継者が育っていくはずです。私自身、会社経営を今もって継続できているその根幹には、私の母であり、かつ我が社の創業者でもあった亡きファウンダーから託された創業の理念があるからです。

ここで改めてお伝えしたいことは、時代の大きな転換点である今を、最も瑞々しい感性で捉えているであろうZ世代との対話は、経営者にそのルーツを思い起こさせるような揺さぶりがあるという事実です。

本章冒頭で紹介した孫の詩を私が大切に保存しているのも、言葉にはできない会社に残すべき人財育成観の断片を直観的に感じたからです。もちろんこれを書いた孫本人は、そんなことはまったく考えていないと思いますし、我が社はそもそも親族承継を前提にはしていません。あくまでも、日々の業務に埋没し、忘れてしまいがちな人間としての重要なエッセンスを孫の詩から感じ、それを次の世代に残したいという本能から、この詩を自らの記録に残したのだと思います。

そして、これも私と孫との一つの対話のかたちです。

つまり、経営者世代とZ世代との対話とは、自社経営の基盤となる意識の承継について改めて捉え直す糸口になるだけでなく、企業の中において本当の意味で浸透させる意識や理念が何であるかについて向き合うことのできる、かけがえのない機会であるということです。

さらに言えば、企業の中での世代間の交流がもたらす効果は、経営者という立場に限定して発揮されるものではありません。職業を通した世代間交流は、どんなビジネスパーソンにとっても、自らが実現したいことが何なのかといった「原点＝ルーツ」を改めて問い直せる貴重な場です。何よりも、次世代を担う若い人財にとっても、こうした交流は、彼ら彼女らの大きな飛躍を促す起爆剤となるはずです。

高峰秀子円盤から学ぶ「心に引っかかること」の重要性

実は、円盤型教材の中には、企業研修や教育プログラムの中では扱うことのできなかった問題がいくつかあります。

次は、その一つです。

■次の問いに答えよ。（制限時間 5分間）

日本を代表する名女優、高峰秀子（1924-2010）の著書「わたしの渡世日記（文春文庫）」の上巻（349～351ページ）に、日本映画界の重鎮、山本嘉次郎監督（1902-1974）と交わされた、撮影中の興味深いやり取りが記述されています。

高峰秀子（以下、当時のあだ名「デコ」）が、ロケ地でぼんやりと空を見つめていると……


山本『デコ、一人で、何を考えていた？』

デコ『別に、なんにも……』

山本『デコ、つまんないかい？』

デコ『つまんない』

山本『そうかなァ……例えばサ、ホラ、あの松の木を見てごらん、なぜこっちへ向かって曲がっているんだと思う？』

デコ『?』
山本『たぶん、海のほうから風が吹くんで自然に曲がっちゃったんだよね』
デコ『……』
山本『普通の人でもタクワンは臭いと思うだろう?　でも俳優は普通の人の二倍も三倍も臭いと感じなきゃダメなんだな』
デコ『……』
山本『なんでもいいから興味を持って見てごらん。なぜだろう?どうしてだろう?って……。考えるっていうのはワリと間が持つよ。そうすると世の中そんなにつまんなくもないよ』
山本嘉次郎はそれだけ言うと、またヒョイと立ち上がって行ってしまった。

このやりとりを、高峰秀子は後年、次のように表現しています。

「やがて、火の玉のように熱い『恥』が、ゆっくりと私の喉もとへ這い上がってきた。」

ここであなたに質問します。「5分しか時間がないから、ある程度のきれいごとでまとめておこう」といった考えはいったん捨ててください。心の準備はよろしいでしょ

Humiliation

SDGsカリキュラム

新しい人財開発プログラム　Center for Sustainable Development 認定プログラム
EARTH INSTITUTE | COLUMBIA UNIVERSITY

■ 次の問いに答えよ。〔制限時間 5分間〕

日本を代表する名女優、高峰秀子（1924-2010）の著書「わたしの渡世日記（文春文庫）」の上巻（349〜351ページ）に、日本映画界の重鎮、山本嘉次郎監督（1902-1974）と交わされた、撮影中の興味深いやり取りが記述されています。

高峰秀子（以下、当時のあだ名「デコ」）が、ロケ地でぼんやりと空を見つめていると……


山本『デコ、一人で、何を考えていた?』

デコ『別に、なんにも……』

山本『デコ、つまんないかい?』

デコ『つまんない』

山本『そうかな? ……例えばサ、ホラ、あの松の木を見てごらん、なぜこっちへ向かって曲がっているんだと思う?』

デコ『?』

山本『たぶん、海のほうから風が吹くんで自然に曲がっちゃったんだよね』

デコ『……』

山本『普通の人でもタクワンは臭いと思うだろう? でも俳優は普通の人の二倍も三倍も臭いと感じなきゃダメなんだな』

デコ『……』

山本『なんでもいいから興味を持って見てごらん。なぜだろう?どうしてだろう? って……。考えるっていうのはワリと間が持つよ。そうすると世の中そんなにつまんなくもないよ』

山本嘉次郎はそれだけ言うと、またヒョイと立ち上がって行ってしまった。

高峰 秀子
写真：Kodansha/アフロ

山本 嘉次郎
写真：読売新聞/アフロ

このやりとりを、高峰秀子は後年、次のように表現しています。

「やがて、火の玉のように熱い『恥』が、ゆっくりと私の喉もとへ這い上がってきた。」

ここであなたに質問します。「5分しか時間がないから、ある程度のきれいごとでまとめておこう」といった考えはいったん捨ててください。心の準備はよろしいでしょうか。あなたが、今までに自らの中で感じた火の玉のように熱い「恥」とはどんな体験でしょうか。嘘偽りなく、120字以内で書きなさい。

Name：　　Group：　　Date：　　特許取得 特許第6535771号

Japanese Council for Education Reform
教育改革推進協議会 監修
日本アクティブラーニング協会メソッド

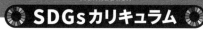

うか。あなたが、今までに自らの中で感じた火の玉のように熱い「恥」とはどんな体験でしょうか。嘘偽りなく、１２０字以内で書きなさい。

この問題をここで紹介する理由は、この問いの奥にあるエピソードから、世代の異なる人間同士の対話について、さらなる本質が見えてくると思うからです。

この問題のベースとなっている対話は、日本を代表する名女優である高峰秀子と著名な映画監督山本嘉次郎によるものです。

問いにある対話が収録されている「わたしの渡世日記」には、激しい戦時下であったこの時代、世の希望であり夢の象徴であった女優・高峰秀子に宛てて、戦場に赴いた兵士から何百枚という秀子本人のブロマイドが送り返されてきたことが記されています。高峰秀子の写真を胸のポケットに入れて出兵した若い兵士達が死を覚悟したとき、彼女の写真を戦場で燃やすことができないと、続々と送り返されたそうです。著書には、その度に押し潰されそうになった高峰秀子本人の苦しい胸の内が綴られています。

そのような背景があった上での高峰秀子と山本嘉次郎の対話なのですが、日本が軍国主義に突き進み、現代のようなリベラルな価値観ではなかった当時の二人の対話から、私は、捉えるべきものがあるように思います。それは、山本との対話を思い出し「やがて、火の玉のように熱い『恥』が、ゆっくりと私の喉もとへ這い上がってきた。」と、高峰秀子が語ったその感情とは、一体どこから来るものだったのかということです。

実際の真意について、私個人が計り知れるものではありませんが、一つ思うのは、映画制作という一点で結ばれた強い絆があったからこそ、後年になってからも忘れられない記憶として高峰秀子の中に残り続けていたのではないかということです。

ここに、世代間の交流で一番重要なことが何であるかが、表れているように思います。

今の時代における世代差は、私と太田さんとの差が示すように、ひと昔前以上に成熟している要素と未熟な要素、さらに、精通している領域とまったく無知な領域とが極端に異なっています。であるが故に、Z世代との対話では、その場のやりとりが意味するものが一体何であるかがそのときにはわからないことが、両者それぞれに起きるはずです。

ですが、この未解決で処理しきれない、収まりどころを得ない感覚こそが、ある一定の時間や経験を経たとき、思わぬ形で非常に深い意味を持って湧き上がってくることがあるのだろうと思うのです。そして、その瞬間こそが、その人財の成長や気づきをもたらすものになるのではないでしょうか？

私が営んでいる事業は人財育成業ですが、特にこの業界は、その瞬間の「わかりやすさ」を追い求めることだけに偏ってしまっているように感じます。何を学べたのか、どんなことを得られたのかを明快にすることだけに比重が傾き過ぎているように、どうしても思ってしまうのです。もちろん、その効能を否定はしませんが、私は、「わかりやすさ」だけに価値を見る時代は、近い将来、確実に過ぎ去っていくように思います。むしろ、「ずっと心に引っかかっている何か大切なもの」を一人ひとりの中から芽吹かせていくような人財育成の実現と普及こそが、本当の未来をつくると思うのです。

世代を超えた命題「生き方の発明」

最後に紹介する太田さんとの短い対話は、そんな私の信条に対して、確かな希望を感じさせてくれたやりとりです。

太田さんにとって、入社面接で私が投げかけた「生き方の発明」（38～39ページ参照）というキーワードが非常に強烈だったそうで、入社後しばらく経ったあるとき、そのことが話題になったのです。

最終面接のあの日から、いつも頭の片隅に「生き方を発明する」という言葉があるんです。あのときはとっさに発明王エジソンの力を借りましたが、私にとっての生き方の発明とは何なのか、いまだに考え続けています。

それは私にとってはとても嬉しい話だね。入社面接は、私が経営者として採用する

側である一方で、太田さんが会社を選ぶ場でもあるからね。入社する・しないにかかわらず、出会った人財にとって忘れられないような意味のある問いを投げかけようと、私自身も毎回心して臨んでいるからね。

それこそ対話が生み出す本当の醍醐味ですね。最終面接のときにもお話ししましたが、成果や実績というのは普遍的な価値をあまり持たないものです。それよりも、自分の人生の中で辿ったプロセスから得た気づきの方が大事ですよね。

本当にそう思うよ。実は、気がついていないだけで身の回りにはたくさんの疑問や不思議がゴロゴロしているからね。しかも、その答えが簡単に見つかってしまうよりも、なかなか見つからない方が、ワクワクすると思うんだ。

たしかに、「生き方の発明」ってそう簡単に答えが見つかるものではありませんよね。ただ、発明って、自分自身の「過去」「現在」「未来」を俯瞰し続けた先に、あるときいきなり「これだ!」とひらめくものなのかもしれませんね。

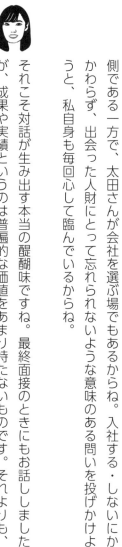

その通りだね。そして、「生き方の発明」をする上でもう一つ欠かせないのが、「他者」の存在。私も、62歳になった今でも「生き方の発明」について模索しているけれど、太田さんをはじめとしていろんな人と対話をする中で他者の視点に触れることが、「自分」についての理解につながるからね。

そうですね。私も、入社してから秀希さんや他のメンバーとの対話を通じて発見した自分の新たな一面がたくさんあります。この一つひとつの宝物を大事にしながら、私にしかできない「生き方の発明」について考え続けたいです！

あとがき

「教育とは、学校で習ったことを全て忘れてしまった後に、自分の中に残るものをいう」

これは、アインシュタインが残した有名な言葉ですが、私もまさにこの考えに賛同します。便利なものに囲まれ、テクノロジーによってあらゆるものに簡単にアクセスできる今のような時代こそ、この言葉の示す意味が心に刺さります。

本書では、私と太田さんとのいくつもの対話を繙《ひもと》きながら、経営者世代とZ世代とのダイアローグによって得た気づきや、Z世代を中心にした会社経営の新しい可能性についてお伝えしてきました。

今は、高度経済成長のバブル期に社会全体に充満した成長神話や画一的な成功モデルを妄信するような時代ではありません。環境破壊やエネルギー資源の問題など、地球規模の課題が露になっており、これらについてこうすれば万事解決といった絶対的な正解もありません。

そんな時代に育った彼ら彼女らは、往々にして大人が理解できない存在として認識されがちですが、実際は「大人が理解しようとしない存在」なのだと、私は思います。

ただ、太田さんというZ世代との対話から見えてくるものを振り返れば振り返るほど、それは何か特定の世代の特殊な感覚というよりも、50年先も100年先も変わらない普遍的な価値観であることに気づかされます。個々の人間が持っている多様性に対する寛容や、既存のルールに縛られない自在さ、他者が決めたステータスではなく自分の中の判断基準を大切にする姿勢など、Z世代の特性として炙り出されるものは、さまざまな立場の先人たちが、時代を超えて重要だと提唱してきたことと多くの点で重なるからです。

この観点に立ったとき、これまで私と太田さんとのさまざまな対話を例に挙げながらお伝えしてきたZ世代について、その本質がどこにあるのかが見えてくるように感じます。それは、Z世代とは、生まれた年代や年齢でその属性が決まるものではないということです。
むしろ、いつの時代にも通底する人間的な本質であり、誰しもが選択可能な価値観であるということなのです。

2021年7月

相川秀希

参考文献

1. インターネット　中小企業庁のホームページ　中小企業白書　第1部令和元年度（2019年度）の中小企業の動向　第3章中小企業・小規模事業者の新陳代謝　第1節企業数の変化と開廃業の動向

2. インターネット　学研教育総合研究所のホームページ　小学生白書　2019年8月調査　「小学生の日常生活・学習に関する調査」　6.将来について　将来つきたい職業（男子・学年別）【図29】男子全体ランキング

3. インターネット　厚生労働省のホームページ　報道・広報　報道発表資料　2020年10月　新規学卒就職者の離職状況（平成29年3月卒業者の状況）を公表します　別紙4新規学卒者就職率と3年以内離職率

4. インターネット　デル公式ブログ「Direct2Dell」　2018年11月22日号デル株式会社プレスリリース

5. インターネット　株式会社博報堂DYホールディングスのホームページ　2020年12月3日号ニュースリリース

6. インターネット　有限会社イーズのホームページ　イーズ未来共創フォーラム　データを読む　2019年1月29日記事

装幀
小口翔平+三沢稜(tobufune)

編集協力
青木唯有(日本アクティブラーニング協会理事)
太田薫乃(日本アクティブラーニング協会アシスタントディレクター)
市瀬恵子(ICHISE DESIGN)

DTP
美創

相川 秀希（あいかわ ひでき）

早稲田大学法学部在学中の2年次に起業。日本アクティブラーニング協会理事長。国際ポートフォリオ協会理事長。サマデイグループCEO。早稲田塾創業者。教育改革推進協議会共同代表。ロックフェラー財団ACCコーポレートメンバー。SDGs策定者ジェフリー・サックス博士と協働して、世界初のSDGs認定カリキュラムを開発。自社の開発による世界標準型大学出願システム「The Admissions Office（TAO）」が、早稲田大学、慶應義塾大学などで採用。SNS型eポートフォリオ「Feelnote」は、全国の教育機関をはじめ企業の人財採用及び研修に導入。今までに発明・開発した教育カリキュラムにおいて国内外の18の特許（米国・中国を含む）を取得している。

日本アクティブラーニング協会
Japan Active Learning Association（JALA）

大学教授・海外大学・企業等との連携による高大社接続プログラムや、舞台芸術メソッドを取り入れた人財開発カリキュラムなど、のべ60,000人以上の実践実例から引き出した有形無形のナレッジを、学校教育、企業研修等、全国の多様な教育現場に役立てるために発足した一般社団法人。

非認知スキル育成のための円盤型教材による「SDGsカリキュラム」及び「シアターラーニング」は、方法論や手順の教授ではなく、行動や体感を通じて想定外の事態に立ち向かう力を鍛える人財開発プログラムとして、各種教育機関だけでなく企業研修にも広く導入されている。企業向け研修の回数は年間250回以上。

また、非認知スキルを可視化する診断システム「PASS25（Proficiency Assessment for 25 Soft Skills）」、SNS型eポートフォリオ「Feelnote」による人財マッチングシステム、国内外の大学に対応できるオンライン出願システム「The Admissions Office（TAO）」など、これからの採用や選抜に必要な新しいシステムも開発している。

これらは、Center for Sustainable Development at Columbia University及びMillennium PromiseよりSDGs認定カリキュラムとして認められ、その取り組みに応じてSDGs達成に向けた活動への寄附が行われる社会貢献モデル「SDGs Point Project」となっている。

日本アクティブラーニング協会HP　https://activelearning.or.jp/

62歳の社長が23歳の新人社員と本気で対話したら、
会社がスゴイことになった。

2021年7月30日　第1刷発行

著　者　相川秀希
発行人　見城 徹
編集人　福島広司
編集者　真鍋 文　木田明理

GENTOSHA

発行所　株式会社 幻冬舎
〒151-0051 東京都渋谷区千駄ヶ谷4-9-7
電話　03(5411)6211(編集)
03(5411)6222(営業)
振替　00120-8-767643
印刷・製本所　図書印刷株式会社

検印廃止

ISBN978-4-344-03824-0　C0095
幻冬舎ホームページアドレス　https://www.gentosha.co.jp/

この本に関するご意見・ご感想をメールでお寄せいただく場合は、
comment@gentosha.co.jpまで。